京の庭

重森千靑
Shigemori Chisao

ウェッジ

京の庭

目次

第1章 名庭20選

【平地式池泉舟遊庭園】

平等院

◆作庭……平安時代

宗　派：単立
所在地：京都府宇治市宇治蓮華一一六
面　積：約九二四〇㎡
【アクセス】ＪＲ奈良線・宇治駅下車、徒歩10分。京阪電鉄宇治線・京阪宇治駅下車、徒歩10分 ●拝観／8：30～17：30 ●拝観料／600円 ●問合せ／電話0774（21）2861

沿革

○……関白藤原道長がこの地を入手し宇治殿と称した。その後、子の頼通が受け継ぎ、永承七年（一〇五二）に山荘殿舎を寺として平等院《びょうどういん》とした。翌る天喜元年に阿弥陀堂を中島《なかじま》に建立して落慶《らっけい》法要が営まれている。現在の鳳凰《ほうおう》堂《どう》（阿弥陀堂）はこの時にできた建築で、九五〇年以上の長きに渡ってこの地を見守っている。

復元改修

○……鳳凰堂の規模から考えても現在の池泉《ちせん》は狭く、創建当初はもっと広大な池泉であったようである。鎌倉時代の古図によると、現在の最勝院の北前面より北西部に大きく入り込んでいたようである。この鳳凰堂を中心とした池泉庭園は、平安末期における浄土《じょうど》思想を具現化した典型的な浄土式庭園である。一九九〇年から開始された発掘調査に基づき、鳳凰堂の建つ中島の護岸などが洲浜《すはま》状の護岸に復元改修され、より一層その感を強めた。さらに、二〇〇〇年の復元改修工事によって、従来出島となっていた鳳凰堂北側の部分が中島として改修された。

○……また、平橋、反橋《そりはし》を架け直したことによって、より創建当初の姿に近づいた。以前から発掘に基づいての復元をといわれていただけに、今回の復元は長年の思いが叶えられたといえる。

東北東から見た鳳凰堂と阿字《あじ》池。

発掘復元された中島と反橋

平等院型燈籠

○……鳳凰堂の前に一基ある燈籠《とうろう》は平等院型として知られ、御本尊に対して中央に一基だけ据える献燈としての古式の正しい据え方である（一一一頁参照）。現在残っている燈籠の基壇、基礎部分は平安期のもので、基礎上面の仕上げ方が粗いことから、元は基礎部分のみが石で、その上部に金燈籠が据えられていたのではないかと思われる。現在の基礎から上部の竿は鎌倉時代のもので、中台《ちゅうだい》、火袋《ひぶくろ》、笠、宝珠《ほうじゅ》などはさらに時代の下ったものらしいが、はっきりとしたことはわからない。火袋の意匠などを吹き抜けにしてあるところが従来の燈籠の概念と大きく異なっている。しかしその意匠も創建したときの金燈籠からの流れなのかどうかは不明。

浄土曼荼羅

○……庭園と建築との配置関係は、浄土曼荼羅《まんだら》の世界を具現化するためのものである。しかし、かといって決まった形式を持つわけではなく、浄土式庭園が様々な形式を持ちながらも貴族の間に広まっていったのである。全国的に浄土式庭園の保存はあまりなく、残された数少ない庭園や発掘調査に基づき、建築との構成を検証、推測していかなくてはならない。それによって奈良期から平安期にいたる庭園様式の移り変わりや、また同じ平安期における意匠や思想、宗教的な背景の変遷も明らかになってくるのである。

○……創建当初の鳳凰堂が残っている平等院は、平安期の建築様式を知るうえで貴重な遺構である。それとともに、極楽浄土の中心であった鳳凰堂を取り囲む庭園が、いかに理想の世界として具現化されていたのかを偲ぶことができるのは、現在を生きる私たちにとって幸いなことである。鳳凰堂を取り巻く中島だけという限定された空間であるにせよ、近年の発掘調査に基づく復元改修によって、往時の姿を現実に見据えることができるようになったのは望外の喜びといってよい。

復元改修された鳳凰堂周りの洲浜。

北東より見た鳳凰堂。

【平等院鳳凰堂庭園平面図】

＊改修前の図

西芳寺

【準平地式池泉廻遊(舟遊)式庭園・枯山水庭園】

◆作庭……鎌倉時代

宗　派：臨済宗天龍寺派
所在地：京都市西京区松尾神ヶ谷町五六
面　積：約一七一六〇㎡
【アクセス】市バス・苔寺下車すぐ●拝観／往復葉書で申込●拝観料／3000円●問合せ／電話075(391)3631

沿革

○……西芳寺《さいほうじ》は、もともとあった旧西方院または西方教院、西方浄土寺といった一院を夢窓国師《むそうこくし》が中興開山し、西芳寺と改め再興したものである。国師が入山したときは、きわめて荒れていたが、すでに庭園があったようである。旧庭園の作庭年代や作者に関しては不明。国師が入山する一三〇年前に中原師員《なかはらもろかず》によって完成されていたとする説があるが、現段階では推測の域は出ていない。

○……作庭様式から時代を判別すると、この庭園には平安期に藤原俊綱《ふじわらのとしつな》が編纂したとされる『作庭記《さくていき》』流の作り方が見られる。島の移ろいや各種護岸石組《ごがんいわぐみ》の組み方など、夢窓国師以前の古い形式が見られることから、国師入山前からあったと推測される。それは池泉の形態からも明らかである。

池泉式庭園

○……池泉式庭園は、大陸渡来の蓬莱神仙《ほうらいしんせん》思想や仏教思想、自然景観の縮景《しゅっけい》などを基に、日本独自の外部空間構成を成して現在に至っている。数多くの池泉式庭園の中でも、本庭は池泉庭園の代表といってよい。西芳寺に影響を受けて作られた庭園には、鹿苑寺《ろくおんじ》（通称金閣寺）、慈照寺《じしょうじ》（通称銀閣寺）庭園が知られている。

池中の夜泊石組。

日本庭園史上、最高傑作の枯滝。

廻遊が主体　○……様式的には廻遊《かいゆう》が主体とした作りとなっているが、舟遊《しゅうゆう》もできるようになっている。廻遊、舟遊、建物からの鑑賞といった三つの視点の高さの違いによって、庭園の見え方は大きく異なる。特に舟遊、廻遊の場合は動きも加わることから、庭園に対する接し方がより異なってくる。建物からの鑑賞では、残念ながら現存しないが、国師が入山してから作られたとされる楼閣建築「瑠璃殿《るりでん》」からの眺めは大変素晴らしかったと思われる。

作庭　○……作庭及び再興された当初は、現在のような苔むした姿ではなく、各島々は白砂の敷かれた明るいものであったことがわかっている。現在のような侘《わ》びた風情ではなかったことは確かである。木々も今のように鬱蒼としたものではなかったであろうし、庭園の周辺は瑠璃殿と呼ばれた二層の楼閣建築や諸堂が建ち、庭園の美しさと建築の美しさがマッチした明るく華やかな空間であったことが知られている。

池と島が織りなす美しい姿。

二列の石

○……庭園の見所である池泉部分に関していえば、やはり中島が重なり合いながら見え隠れしていく景色や、護岸、岩島、島を結ぶ橋の姿の美しさに尽きる。また池泉北部の「園池」と「瑠璃殿」跡を挟むようにしてある小さな池に浮かぶ二列に並んだ石にも注目したい。瑠璃殿に向かう橋の基礎石だったという説や、夜泊石組《よどまりいわぐみ》であるという二説がある。

優美な曲線をもつ出島。

○……夜泊石とは蓬莱思想を表現し、かつ鎌倉期に流行した表現法の一つで、夜に蓬莱山へ向かうための舟が停泊している姿を抽象的に表現したものといわれている。日本庭園の中ではあまり例がなく、またちょうど瑠璃殿のあったことから、瑠璃殿へ向かう際の教涯池であったと考えると、夜泊石組説は消えてしまう。しかし、橋を架けるための基礎石であったとすると高さや大きさが不揃いであること、また施工上のことを考えると平天石を利用した方が良いにもかかわらず、構造物を載せるには不安定になる石を使用していることから、一概に橋脚の跡石であったという見方は当てはまらないのではないだろうか。

絶品の枯滝

○……見所としては、湘南亭《しょうなんてい》手前にある影《よう》向石《ごうせき》のある遣水遺構《やりみずいこう》も是非見ておきたい。池を回りきると向上関《こうじょうかん》というところから上部に石段で上がっていくことになる。歩いていくと、眼前に広がるのが亀石組の遺構である。それらを左に見ながらさらに石段を上がりきると、水が流れていないにも関わらず、あたかも豊かな水量をもって絶えず水が流れ落ちてくるような錯覚に陥る枯滝石組《かれたきいわぐみ》がある。全国にある古庭園の枯滝石組の中でも、この枯滝に勝るものはないといえるほどの絶品。このあたりには指東庵《しとうあん》を挟んで龍淵水《りゅうえんすい》があり、国師の坐禅石《ざぜんせき》が残されている。

西芳寺上部にある亀石組遺構。

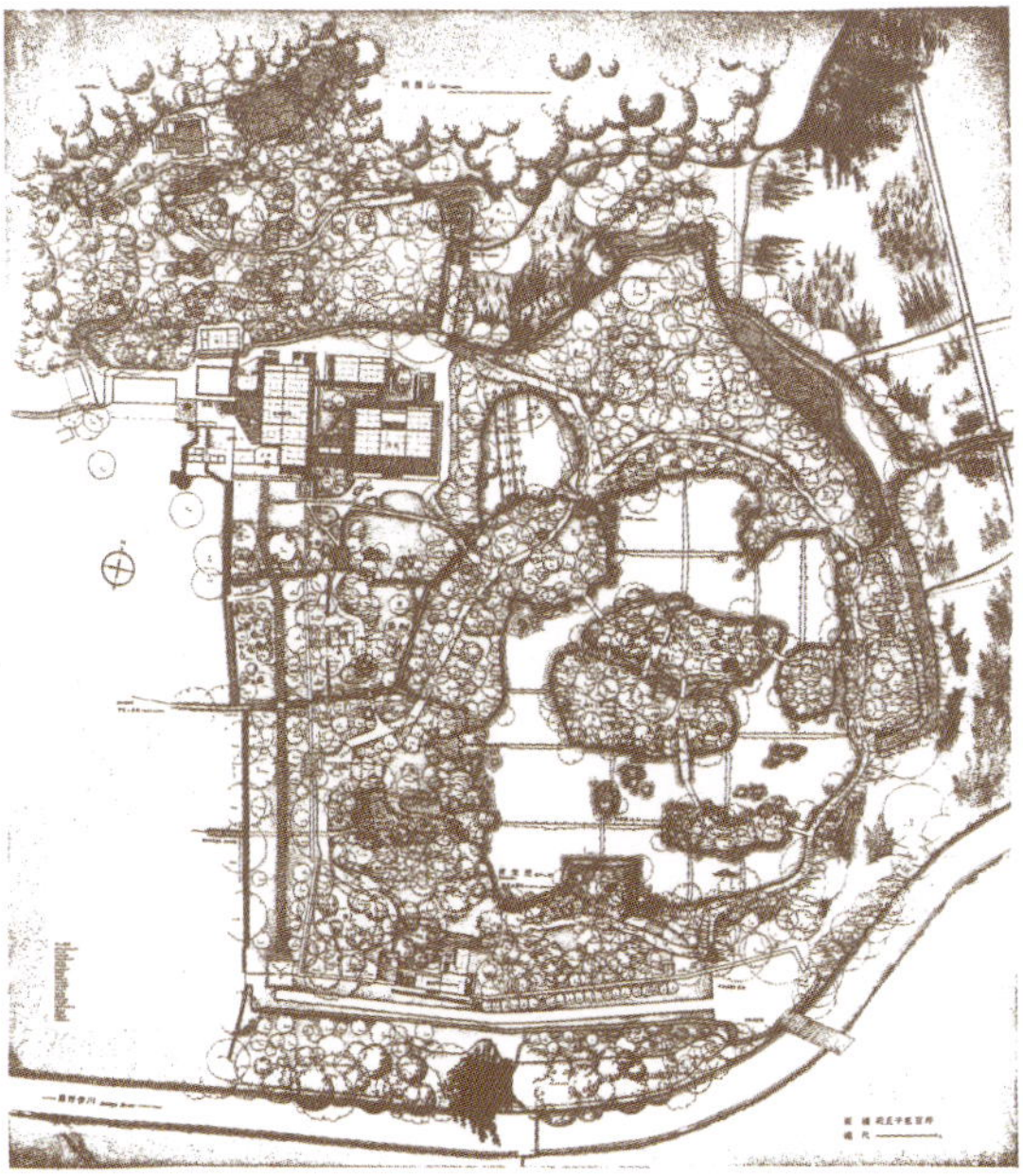

【西芳寺庭園平面図】

天龍寺

【山畔利用式池泉廻遊・舟遊庭園】

◆作庭……鎌倉時代

宗　派：臨済宗天龍寺派大本山
所在地：京都市右京区嵯峨天龍寺芒ノ馬場町六八
面　積：約三九六〇㎡

【アクセス】京福電車嵐山駅下車、徒歩1分、JR嵯峨野線嵯峨嵐山駅下車、徒歩10分●拝観／4月～10月　8：30～17：30、11月～3月　8：30～17：00●拝観料／500円●問合せ／電話075(881)1235

沿革

○……この地は、かつて後嵯《ごさ》峨《が》上皇の御所である亀山殿があったところで、そのころに既に池泉庭園が作られていたことが知られている。その後、鎌倉末期に、南北朝の対立から後醍醐《ごだいご》天皇が吉野で崩じられると、足利尊氏が、天皇の菩提《ぼだい》を弔うために夢窓国師を開山として、この地を天龍寺《てんりゅうじ》としたのである。

夢窓国師

○……現在のような重機などなく、すべて人海戦術で行わなければならなかった時代では、本庭のような広大な庭園を新たに作るときには、元からある庭園を使って作ることが多かったようである。この庭園の作者は、一般的にいわれている夢窓国師なのであろうか。国師が開山として迎えられたときには既にこの庭園は存在していたわけで、国師が庭園に対して指導を行ったとすれば、それは改修程度にとどまるのではないだろうか。しかし国師が作庭あるいは改修指導したという確証は全くないため、作者は特定できない。本庭の龍門形式の滝石組は、甲斐《かい》の東光寺や、信州駒ヶ根の光前寺に見受けられる龍門形式の滝に酷似していることから、このあたりの作庭指導は、鎌倉時代に龍門の故事を愛でていた蘭溪道隆《らんけいどうりゅう》（宋より来朝した臨済宗の禅僧）によるものではないかとも思われるが、推測の域を出ない。

方丈側から見た天龍寺池庭。

日本最古の自然石橋石組全景。

蓬莱島を兼ねる鶴石組全景。

龍門形式の滝

○……本庭の見所は、池の奥ほぼ中央に位置する「龍門瀑《りゅうもんばく》」形式の滝と、そしてその滝口手前にある日本庭園最古の橋石組、その周りの岩島の景観につきるであろう。龍門形式の滝とは、鯉が三段の滝を登りきると龍となって天空に舞い上がっていくという中国の伝説を主題として作られたのが本庭の滝石組である。現在は水が落ちていないので涸滝になっているが、本来はこの滝の上部から引きこまれた水を落水させていたようである。実際にどのような感じで落水していたのかはわからないが、昭和十三年から数年後までは細々とであるが実際に水を落としていたようである。布落ち式の滝で、上部から一段落ちたあと導水路によって導かれ、橋石組手前で大きく落水したようであるが、現在はない。滝の水音も、水落石の傾斜角度や裏側に空洞を設け、栗石を詰めた水琴窟のような構成として、その反響音を利用していたようである。

山水画の手法

○……滝の最上部、向かって右側には遠山石がある。このあたりは山水画に見られるような手法であり、それが庭園内において表現さ

龍門瀑滝石組。

れているところが楽しい。また鯉に値する石（鯉魚石《りぎょせき》）は、滝二段目の水落石に向かって左側上部にある石である。鹿苑寺にある龍門形式の鯉は、最下部で滝の水にあたっているが、本庭の鯉はこのように一段上りきったところで、これからまさに竜に昇天していく姿を見せている。このように滝の辺りの石の組み合わせ方に非凡なものがあり、立体造形感覚に優れた人の作品であることがわかる。

最古の橋石組

○……滝下部の橋石組も優れた造形美を成している。三つの石からなる橋石であるが、日本庭園最古の自然石による橋石であり、これ以降に作られる日本庭園における橋石は、本庭を範とした作風が時代によって意匠変遷していくのである。三橋はほぼ直線に架けられており、橋に向かって右側（北）に護岸を兼ねた橋添石《はしぞえいし》があり、この橋石の景観を引き締めるのに役立っている。さらにこの橋石前方の池中にある岩島の構成も大変素晴らしい。どのような方向から見ても見られるように組まれており、鶴島の初期形態ではないかといわれている。そうなるとこのあたりの石組は蓬莱石組という見方もできるのではないだろうか。

植栽も整備

○……このように滝の近辺や山畔《さんばん》及び滝手前の池中における石組など、素晴らしさを残している。また池泉全体の地割《じわり》などもよく保存されている。近年は滝の辺りの植栽類も整備されて石組類もよく見られるようになった。本庭を拝観する際には、是非とも双眼鏡を持参していただきたい。廻遊路はあっても滝のあたりには近寄れないため、最も優れた造形美を見せる滝石組、橋石、岩島類などを詳細に見るには肉眼では不十分なのである。

上部から橋石組と池中岩島を望む。

【天龍寺庭園平面図】

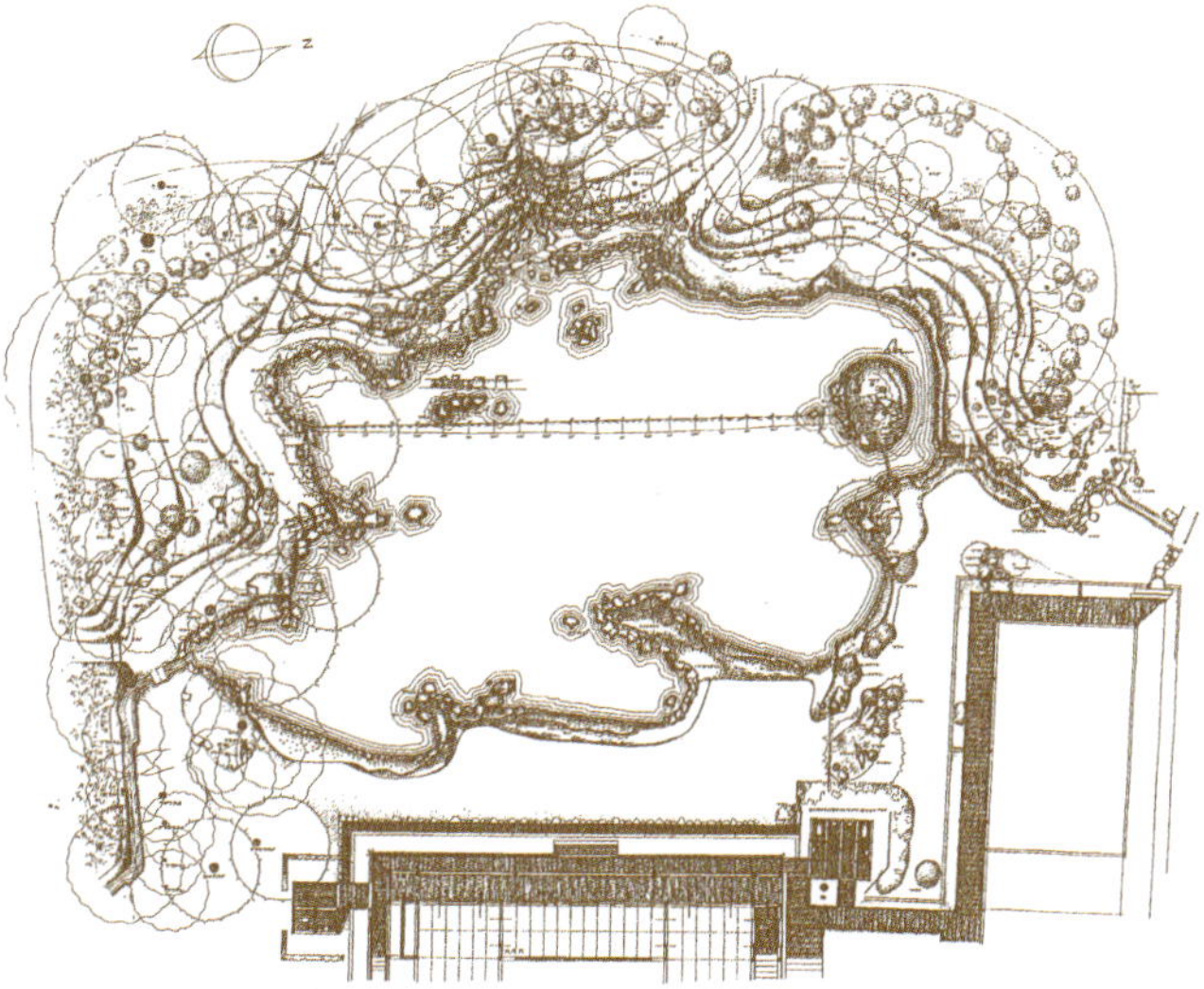

【平地式池泉鑑賞・廻遊・舟遊式庭園】

鹿苑寺（金閣寺）

◆作庭……鎌倉・室町時代

宗派：臨済宗相国寺派
所在地：京都市北区金閣寺町一
面積：約一七八二〇㎡
鏡湖池約六八五七㎡

【アクセス】市バス・金閣寺道下車、徒歩3分●拝観／9：00〜17：00●拝観料／400円●問合せ／電話075（461）0013

沿革

○……通称「金閣寺」の愛称で親しまれているが、正式には北山鹿苑寺《ほくざんろくおんじ》という。臨済宗相国寺《しょうこくじ》派で、特例別格として山外塔頭《たっちゅう》に入っている。拝観受付から四目垣《よつめがき》で整然と区切られた拝観路を歩いて行くと眼前に池庭が開け、そこに黄金色に輝く楼閣建築「金閣」があるためにいつしかこの愛称がつき、広く流布した。

○……庭園は足利義満が作ったといわれているが、正確には西園寺公経《きんつね》の別邸を足利義満が自分の堺の領地の一部と交換して入手し、整備、直したものである。西園寺邸の時にすでにこの庭園は存在し、『明月記』や『増鏡』に記載されていることからも明らかである。

龍門瀑

○……庭園構成としては、上部の安民沢《あんみんたく》という池からの流れがやがて滝になる。この滝は龍門瀑形式である。龍門瀑とは鯉が滝を登り切るとやがて龍となって昇天していくという中国の伝説からきたもので、先に挙げた天龍寺庭園の形式がその代表的なものである。鹿苑寺の形式は、まさにこれから最初の難所を乗り越えていこうとする力強い姿が表現されている。

向かって左手前から九山八海石、その奥の鶴島、右端は亀島。

池泉から見る金閣全景。

水落石

○……滝口あたりの石組構成を見ると、水落石は板状の石を前垂れで据えており、それによって落ちる水が下部の鯉を想定した石に当たるようになっている。これによって鯉が激しく滝を登っていくさまを表しているのである。また水落石の左右に据えられた添石《そえいし》も立派な石が組み込まれており、このあたりの構成を見ただけでも、ここが一級の庭園であることがわかる。江戸期の、独住二世の鳳《ほう》林承章《りんじょうしょう》の日記である『隔冥記《かくめいき》』に、三十人の人夫を使って滝の修理をしたと書かれている。手法上の観点から見ていくと、滝に向かって右側（東側）が、その時に修理されたようである。

蓬莱石組

○……鹿苑寺の池は「鏡湖池《きょうこち》」という名がついている。池に浮かぶ島々を整備し直し、石組も新たに施されたものがある。岩島を除いて全部で八つの島が浮かび、さらに岩島がそれらを引き締めるような構成となっている。特に池中で最大の島である「葦原島《あしはらじま》」と名付けられた島は、蓬莱島を兼ねた島である。葦原島中央の金閣正面に見える巨大な石を伴った蓬莱石組は、この庭園の石組の中でも圧

龍門瀑形式の滝、手前落水があたっている石が鯉魚石。

巻。この蓬莱島と西部の出島が直線でつながり、また金閣漱清《そうせい》の西側には出亀島、入亀島、淡路島と池に対して斜線に一直線に並んでおり、これらの池泉《ちせん》内に浮かぶ島々の配置構成によって、この広い空間が間延びすることなく引き締まって見えるのである。

九山八海石

○……金閣と葦原島の間にある島は、金閣から向かって左側（東側）が鶴島、向かって右側（西側）の島が亀島。さらに鶴島の右（東側）に一石の岩島がある。表面が白っぽい、明らかに石灰岩質であることがわかる、複雑な形態をした特徴的な石である。これは仏教の須弥山《しゅみせん》思想からとって「九山八海石《くせんはっかいせき》」と呼ばれている。この石は中国庭園で一般的に使用される太湖石《たいこせき》が用いられている。義満が明との交易によって手に入れ、据えられたものである。古庭園の中でこの太湖石が据えられたのは、鹿苑寺庭園が初めてであろう。中国庭園における太湖石は、まさに奇岩怪石的なものであり日本人には好みが分かれるところであるが、本庭で使用された石は何の違和感もなく全体に溶け込んでいる。

芦原島

○……葦原島の石組構成、鶴島、亀島、九山八海石の構成は、一般の拝観路からは金閣が遮るような感じで遠目でしか見られないが、本庭を訪れた際は是非見たいところである。また一般拝観路から入ってきた際に見える金閣の前にある葦原島の裏側も、まったく手を抜いていないことに注目したい。金閣からだけの観賞式だけではなく、舟遊式、廻遊式であることが、このようなところからもわかる。

池泉中央葦原島(蓬莱島)蓬莱石組。

【鹿苑寺庭園平面図】

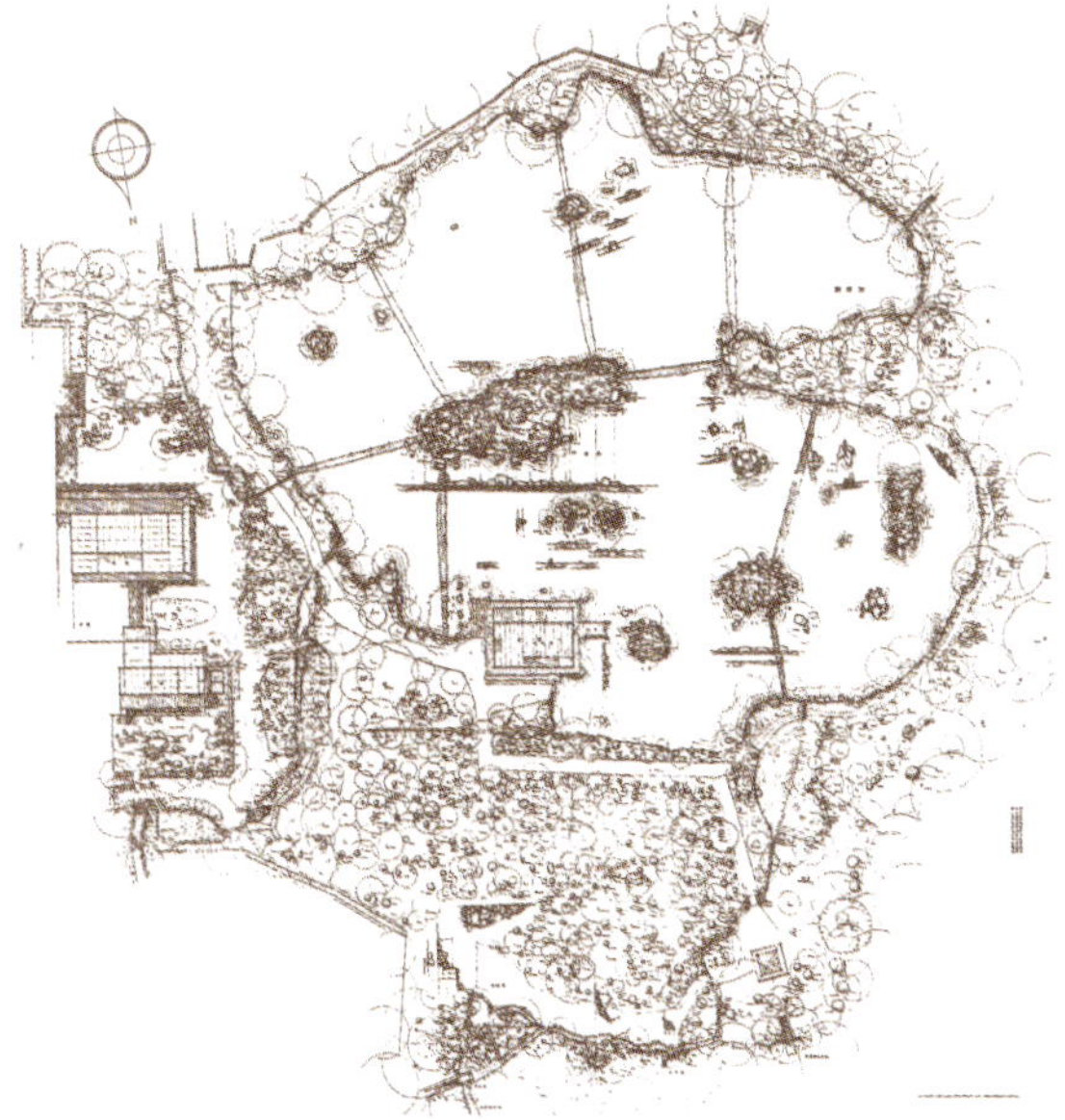

【平庭式枯山水庭園】

酬恩庵

◆作庭……室町時代・江戸初期、末期

宗派…臨済宗大徳寺派
所在地…京都府田辺市薪里ノ内一〇二
面積…虎丘庭約一五八㎡　廟前庭約一六二㎡　方丈庭約四九二㎡　北庭約一九八㎡　南庭約二三八㎡　東庭約五六㎡

【アクセス】近鉄京都線新田辺駅より西へ徒歩20分●拝観／9：00～17：00(要予約)●拝観料／500円●問合せ／電話0774(62)0193

沿革

○……当庵は臨済宗大徳寺派別格本山で、文永四年（一二六七）亀山天皇の勅願によって、大応国師（南浦紹明《なんぽじょうみょう》禅師）が妙勝寺《みょうしょうじ》として開いたのが始まりであるが、元弘年中（一三三一～一三三三）に兵火によって焼失荒廃してしまった。その後、室町時代の康正二年（一四五六）に、名僧一休宗純《いっきゅうそうじゅん》禅師（当時六十三歳）が当地にあった名刹《めいさつ》妙勝寺を再興し、開山の大応国師の恩に酬いるという意味で寺号を「酬恩庵《しゅうおんあん》」と改めたのである。そのころ一休禅師は大徳寺真珠庵の前身である瞎驢庵《かつろあん》呂軒とこの酬恩庵とを行き来され、七十四歳の時にこの庵内に虎丘《こきゅう》を作って住まわれていた。しかし、またしても応仁の乱の兵火によって焼失してしまい、再度この地に寿塔（自分の墓）を建てられた。文明六年（一四七四）、八十二歳の時であった。その六年後の文明一二年、一休禅師は八十八歳で遷化されたのである。

○……このように生前は兵火による焼失と再興との戦いであったが、見事な活躍で本庵を幾度となく再興に導いたのである。一休禅師の没後、またしても荒廃し、大阪夏の陣に前田利常が赴く際に立ち寄ったところ、あまりの荒廃ぶりを嘆き、慶安三年（一六五〇）本庵の方丈《ほうじょう》や仏殿などを修理再建し、承応三年（一六五四）現在の姿に再興された。庭園もその際に修理されたものと見てよい。

方丈東側、十六羅漢の石組。

方丈北庭枯滝石組。左手前の石は坐禅石。

五個所の庭

○……本庭は寿塔を建てた際に御廟《ごびょう》を営み、その御廟前と一休禅師が住まわれていた虎丘の庭、さらに方丈の北、東、南と、全部で五個所の庭園がある。御廟前庭と虎丘の庭は一般公開されていないが、方丈を取り囲む庭園は公開されている。庵内にあるすべての庭園様式は平庭式枯山水《かれさんすい》庭園である。前庭たる南庭は、背後の御廟前や虎丘のある一段高くなった斜面の法面にサツキの植栽を施し、西側隅（方丈から向かって右奥）に蘇《そ》鉄《てつ》とサツキの刈込という構成である。やはり江戸初期の形態といってよいであろう。

枯滝石組

○……北庭には豪華な枯滝や中島、塔燈籠などがあり、方丈を取り囲む庭園の主庭として捉えてよい。方丈から向かって右隅（東北）に枯滝《かれたき》石組《いわぐみ》があり、滝左手前には礼拝石《らいはいせき》が据えられている。また滝の左側には塔燈籠がある。こうした燈籠を置くのは江戸期に入ってからの手法である。滝石組は巨石を用いた豪華な石組で、構成は大徳寺大仙院庭園の枯滝石組に似ている。

○……枯滝の集団石組から左に視点を移すと、また集団の石組がある。これが鶴亀一

一休宗純禅師廟前から庫裡へと向かう延段。

体式となった石組である。またこの集団石組の構成には、明らかに室町期の手法が盛り込まれていることから、再興する際にある程度残されたのではないかといわれている。さらに左側（東）に視点を移していくとまた三尊石組《さんぞんいわぐみ》を連続した石組構成が見られる。

十六羅漢

○……方丈東庭は十六羅漢《らかん》の石組などともいわれる。東庭の石組構成も江戸初期の手法をよく見せており、大徳寺本坊の東庭によく似た手法といえる。しかし石組は本庵のほうがより力強い構成になっている。廟前庭は宮内庁の所管なので門前から、つまり庭園の裏側からしか拝観することはできない。平庭式の枯山水庭園で、御廟のほぼ中心で門前に据えられている立石は、須弥山《しゅみせん》的な石組といわれている。この立石を中心として石組が成されている。手法としては室町期の手法と江戸期の手法が混在しているようであるが、よく保存されているといえるであろう。

○……虎丘の庭は、古式の手法を伝えながらも、後年に改作された形跡が多々ある。特に手水鉢《ちょうずばち》あたりはそうであるし、また現状での東側の植栽類をもう少し整備し、石組との均衡を揃えた方がいいであろう。幾度となく荒廃しては再興された本庵であるが、一休禅師の努力と、多くの人から慕われた人柄によって現在の姿が残された。禅師の心意気や人々の善意を感じつつ庭園に接したいものである。

方丈北庭枯滝左横の鶴石組。

方丈南庭。

【酬恩庵方丈庭園平面図】

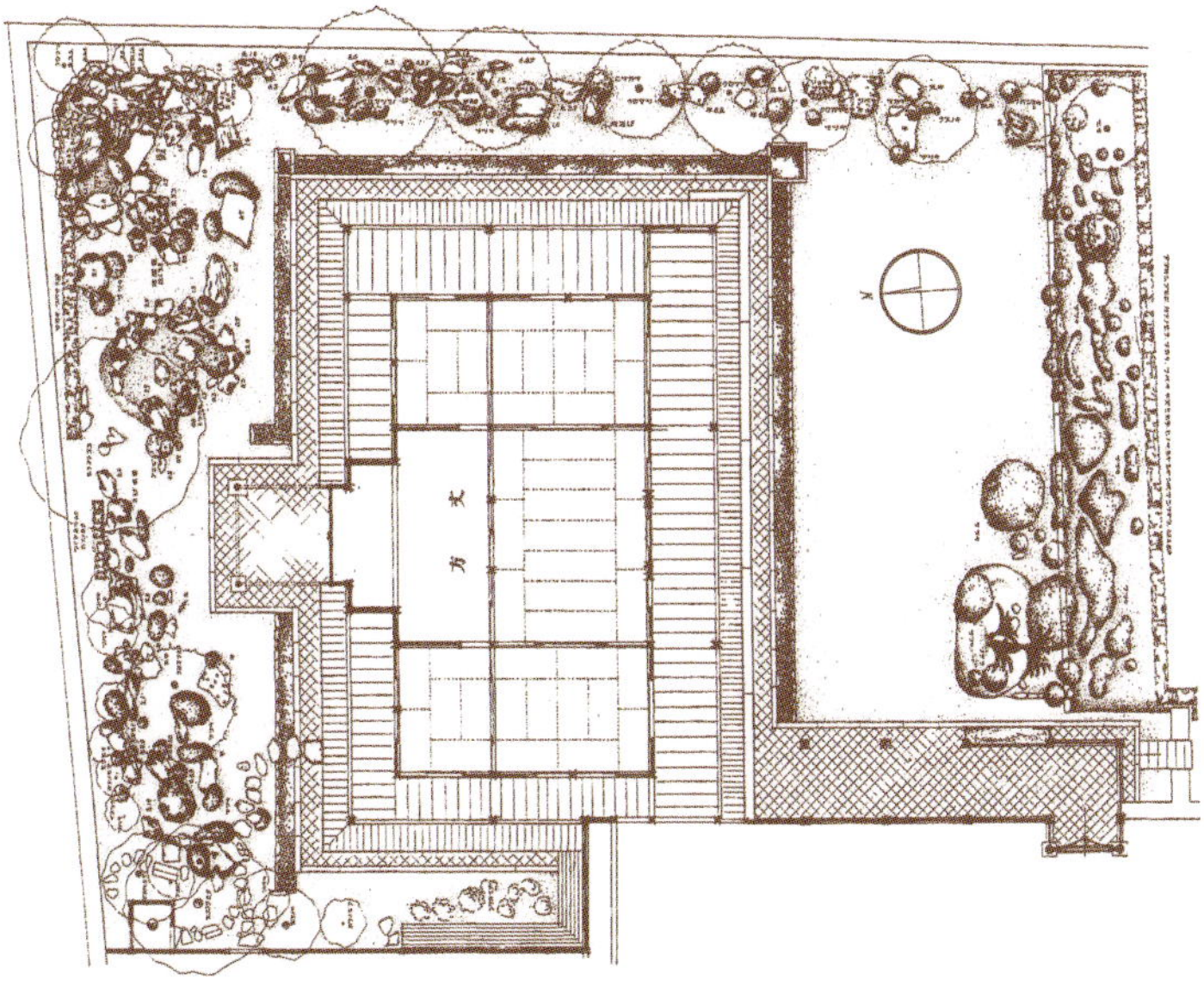

【準平地式池泉廻遊式庭園】

慈照寺（銀閣寺）

◆作庭……室町時代

宗派：臨済宗相国寺派
所在地：京都市左京区銀閣寺町二
面積：約一〇四六一㎡

【アクセス】市バス・銀閣寺道下車、徒歩5分、銀閣寺道下車、徒歩10分●拝観／12月～2月9：00～16：30、3月～11月 8：30～17：00●拝観料／500円●問合せ／電話075（771）5725

沿革

○……臨済宗相国寺の当寺は、正式には慈照寺《じしょうじ》と呼ぶ。銀閣寺は俗称である。山号は「東山《とうざん》」といい、如意《にょい》ヶ岳《たけ》（大文字山）を中心にした東山《ひがしやま》の山並みの北部に位置しているところからこの名がついた。ちなみに鹿苑寺の山号は「北山《ほくざん》」といい、やはりその立地からついたもの。平安中期に、現在の慈照寺のあたりに浄土寺が創建されたが、その跡地に、応仁の乱後の文明十二年（一四八〇）から、足利義政が作庭の名手・善阿弥《ぜんあみ》などを起用して着手し完成させた。そして義政の死後、遺志によって東山殿が寺院として改められ慈照寺となったのである。

瑠璃殿を範に

○……義政は大の庭園愛好家であり、数ある庭園の中から目標としたのが、夢窓国師の再興した西芳寺であった。庭園と建築が一体となった西芳寺を範とした庭園を目指したわけである。また義政は、楼閣建築を建てる際に祖父義満の残した舎利殿《しゃりでん》（金閣）を手本とするため、文明十九年（一四八七）に鹿苑寺を訪れてもいる。むろん西芳寺の楼閣建築、瑠璃殿《るりでん》も義政の目標であったであろう。観音殿（銀閣）を庭園に設《しつら》える際、祖父義満の残した舎利殿の山荘とは異なるものにしたい、また、瑠璃殿の素晴らしさをこの地で実現したい、その思いが瑠璃殿と同じ二層の観音殿という形式を選ばせた

方丈南前の銀沙灘。

くることからこの説が浮かび上がった。しかしながら、二〇〇四年九月に庭園の石の剥離修復のため、積年の汚れを取り除いたところ□部分が「清」と読めることが明らかになったが、文献との整合性については未解決である。どこかの庭園で使われていたものを持ってきた可能性もあるが、石の裏側に名前が彫ってあることはきわめて珍しい。大分県にある妙経寺庭園の橋石後ろ側の小端《こば》部分に、当時の住職と作庭者の名前が刻まれている例がある。これは寺の史実とも合致していて、全国的に見ても大変珍しい例である。

石組の先駆け

○……龍安寺がもし室町期の作庭であるとするなら、禅宗方丈南庭という無の空間に、石組という意匠を施した初めての庭園というこ

西側土塀から見た石組構成。

とになる。それまでの禅宗寺院の南庭は、儀式を行うための神聖な空間であり、白砂敷きの無の空間であった。なぜそこに意匠を施すことが始まったのであろうか。様々な説があるが、室町期頃から流行しだした盆景や飾り付けの影響があったのではないか、ということが考えられる。その先駆けが本庭と捉えることもできる。しかしながら実際に室町期における方丈南庭での作庭例はない。南庭での作庭は江戸初期からであり、その意匠構成は前面を空けた構成で、考え方や意匠面において龍安寺とは異なる。このように龍安寺の作庭は、意匠面、作庭時期ともに謎に満ちている。

意匠の意図

○……この石組の意匠が何を意図しているかについては様々な説がある。白河砂を大海や雲海に見立て、石組はそこに浮かぶ島の表現であるという説や、中国の伝説から虎の児渡しであるという説、また石の配置が黄金分割になっているといった指摘などである。どの解釈にもそれぞれおもしろいものがあるが、それだけこの庭園の空間における石の配置や石組が時代を超えて優れているという証拠でもあろう。

○……作者不詳、作庭年代不詳、意匠上の意図も不詳で、まさに謎だらけの庭園であるが、その卓越した空間構成は現代に生きる人間に常に新鮮な問いかけをしてくる。まさに日本を代表する抽象的な外部空間芸術である。

庭園東南油土塀脇の二石。手前の長石の裏側に名前が刻まれている。

南西油土塀脇の長石に刻まれた名前。右から小太郎、□二郎と読める。

庭園南西角から見た全景。

【龍安寺庭園平面図】

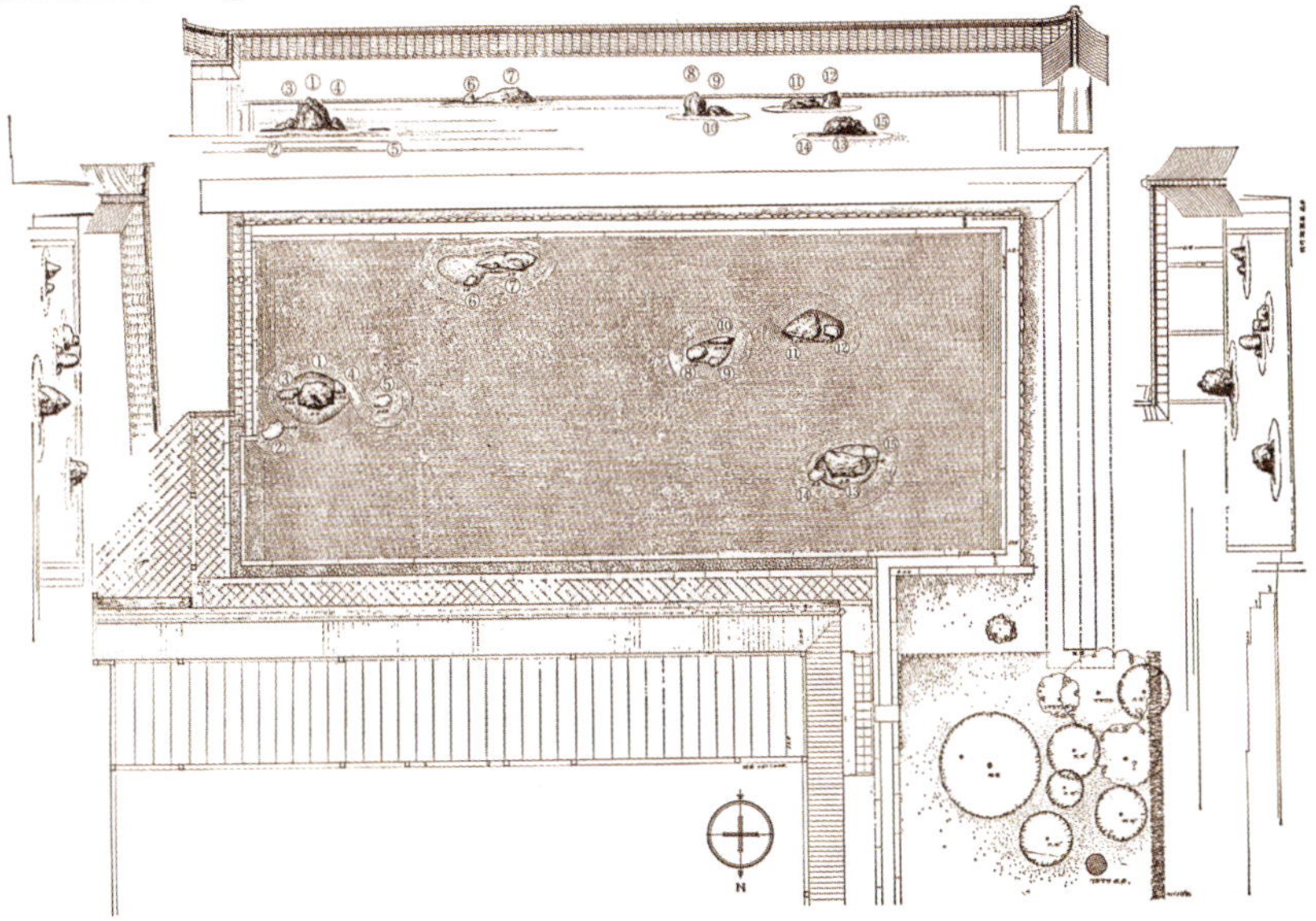

【枯流式枯山水庭園】

大仙院

◆作庭……室町時代

宗派：臨済宗大徳寺北派
所在地：京都市北区紫野大徳寺町五四—一
面積：約一〇六㎡
【アクセス】市バス・大徳寺前下車すぐ●拝観／3月～11月 9：00～17：00、12月～2月 9：00～16：30●拝観料／400円●問合せ／電話075（491）8346

沿革

○……臨済宗大徳寺北派の塔頭である大仙院《だいせんいん》は、室町末期に近い永正年中（一五〇四—二〇）に、古《こ》岳宗亘《がくそうこう》禅師が開基した。本院方丈は永正十年（一五一三）に上棟されたことがわかっているので（『高桐院文書大仙院棟梁札写』）、本庭はその後に作庭されたものと考えてよい。作庭者は不明だが、開基である古岳宗亘、相阿弥作庭説がある。また両者が作庭に関わったという文献があるが、古岳禅師が作庭に傑出していたことから、方丈建築直後に禅師の指導によって作庭されたと考えられる。玄関、方丈などは室町時代の作で国宝に指定されているが、大徳寺山内に現存している室町期の方丈建築は、大仙院、龍源院、瑞峯院《ずいほういん》の三個所で、大仙院の建築が最古のものである。

高度な意匠

○……方丈の東側に作庭された全庭三〇数坪の小庭であるが、大小二五個の石を巧みに組み据えながら、狭さをまったく感じさせず、大陸的な自然景観を高度な意匠によって表現している。奥から蓬莱山を表す刈込、そこからあたかも水が流れているかのごとく表現された三段の枯滝石組《かれたきいわぐみ》、滝下部の渓谷表現、その西側横に象徴的に据えられた不動石《ふどうせき》と観音石《かんのんせき》と名付けられた立石、そしてその前を横切って東西に流れていく枯流《かれなが》れ、東側に流れていくところに低くかかる石橋な

大仙院の名石の一つ、舟石。

ど、この枯滝石組の周辺だけでも圧倒的な意匠及び技巧を見ることができる。

鶴亀蓬莱様式

○……さらに細部を見ていくと、この枯滝石組と不動・観音の二石をはさむようにして、左側に亀石組、右側に鶴石組が配されている。蓬莱山があって、さらに鶴・亀両石組があることから、典型的な鶴亀蓬莱の様式であることが分かる。自然景観とはいっても、大陸的な景観を、時には具象的に、また時には抽象的な表現方法を取り入れながら、蓬莱思想を取り込む日本庭園の典型的な様式形態であると同時に、一幅の水墨山水画を見ているようで大変美しい構成である。亀島の左側（西）には独醒石《どくしょうせき》や仏盤石《ぶつばんせき》があり、茶の露地《ろじ》で用いられる蹲踞《つくばい》の原形とも言われている石組などもある。

視覚的効果

○……対して東側に流れていく景は、枯滝から不動・観音の二石の前を通り、低く架けられた橋石を通り抜けていく。その先には鶴石組がある。鶴石組後方には遠山石も兼ねた集団的な石組があり、自然の険しい山の風景が連綿と続いているのが分かる。その先に堰があるが、ここに至るまでの特徴としてもう一つ忘れてならないことに、この堰まで

小空間でありながら雄大な景色を見せる枯滝石組付近。

室町期禅宗寺院南庭の基本形「無の空間」。

の部分の地面の高さがある。書院からの眺めを考えると、ここまで地面を挙げたことによって石組全体も上がり、建物から眺めたときの外部空間としては、この効果がよりいっそう絵画的に見え、視覚的効果が非常に大きい。

渡り廊下

○……堰を表現した石などは当初のものが残っているが、現在はその堰の上に花頭窓《かとうまど》を配した渡り廊下がある。これは、元松平家所蔵（東京国立博物館蔵）の江戸末期に書かれた起絵図を元に復元されたものである。方丈の解体修理の際に、この起絵図に基づいた渡り廊下のほぞ穴が見つかったために復元されたが、作庭された当初にはなかったものであろう。戦前から昭和三十年代において撮影された大仙院庭園の写真を見る限りこの渡り廊下は存在せず、この庭園の一連の自然景観や物語性が非常によくわかる構成になっていただけに残念である。

舟石

○……その堰の直後に名石といわれる舟をかたどった「舟《ふな》石《いし》」がある。この石は蓬莱山に行くための舟であるが、この大仙院庭園以後に作庭された庭園に用いられる舟石は、この石を模したものが使われるようになってきたことを考えると、舟石具象化の試金石という見方もできるのではないだろうか。この舟石の背後は、遠山石《えんざんせき》のような石など、全体的に散らした配置となっており、深山幽谷の景色から下界に至るまでの、まさに凝縮された自然の景観が納められている。

自然と桃源郷

○……大仙院庭園の構成は以上のようなものであるが、この庭園の面白いところは、全体が深山幽谷を思わせる水墨画的な自然景観を取り込んだ庭園であること。そしてその水墨山水画的な構成とはまったく異なる景観として、前述したような鶴石組と亀石組があり、日本庭園の基本構想である鶴亀蓬莱思想の構成が持ち込まれているところである。水墨画のような自然風景と鶴亀蓬莱という桃源郷とが、この極小空間の中に、全体的な構成として不自然にならず相容れながら共存しているところが、この庭園構成の最も面白いところであろう。禅院の後期式枯山水庭園の最高峰と称される所以である。

遮断するものがないと自然観や構成がはっきりとわかる（昭和30年代初頃）。

保全

○……最後に、自然の素材を扱う庭園は、ちょっとした油断で表情が激変してしまうものである。本庭も歴代の住職が並々ならぬ愛着と保全を心掛けてきたからこそ、作庭されておよそ五百年後にも創建当初の姿が保存されていることを忘れてはならない。ただただ深い敬意を払うものである。

鶴石組全景。

【大仙院庭園平面図】

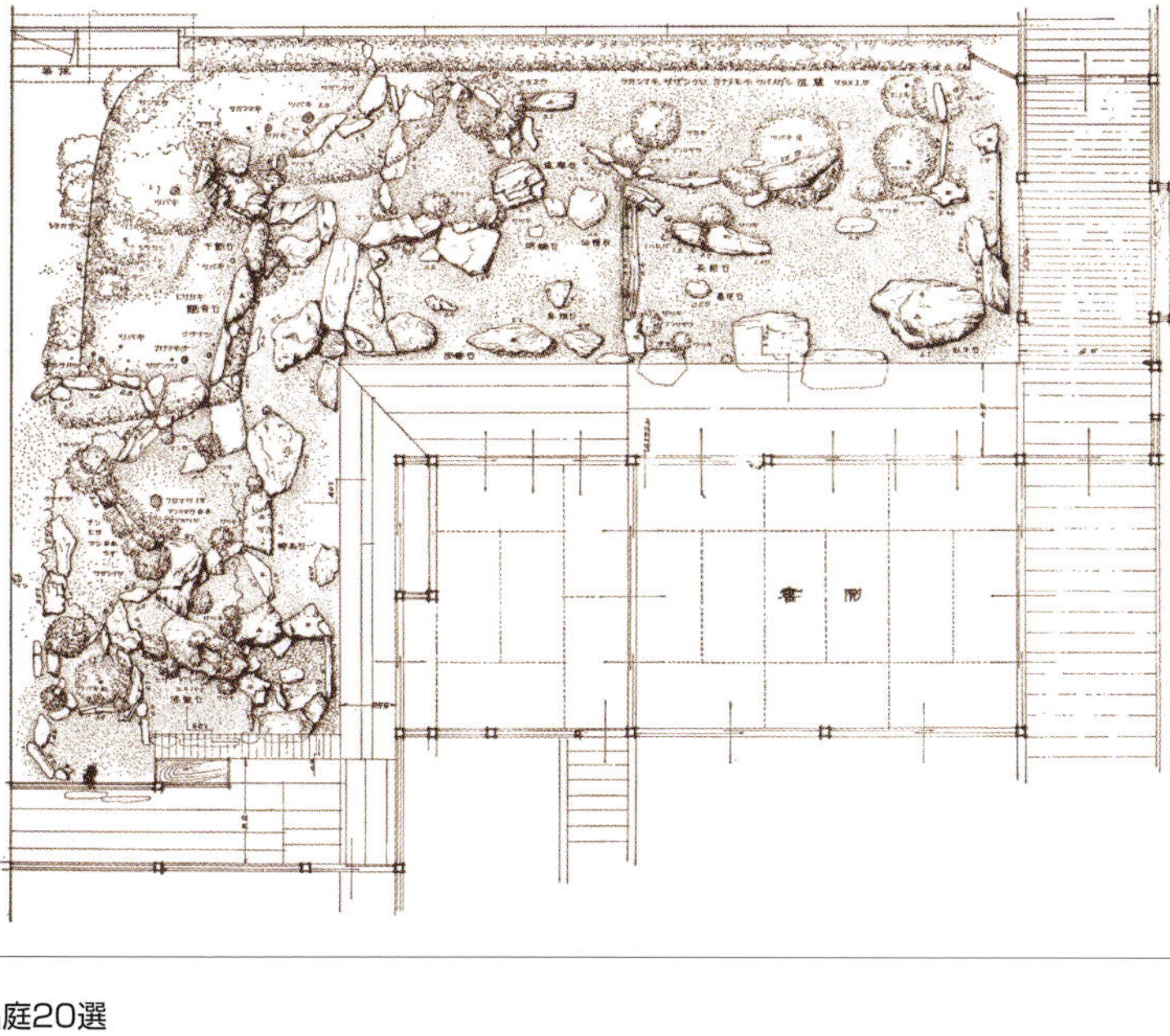

【平庭式枯山水庭園】

龍源院

◆作庭……室町時代・現代

宗　派：臨済宗大徳寺南派
所在地：京都市北区紫野大徳寺町八二
面　積：約一九五㎡
【アクセス】市バス・大徳寺前下車すぐ●拝観／9：00～16：30●拝観料／350円●問合せ／電話075（491）7635

沿革

○……大徳寺南派の本院である。大徳寺の東渓宗牧《とうけいそうぼく》禅師の流れを南派といい、天祐・藍渓・玉宙・玄室・天叔などを輩出した。南派の塔頭《たっちゅう》は、黄梅院、正受院、大慈院、金龍院、興臨院、瑞峯院などが属する。本書にも掲載した大仙院は、龍源院《りゅうげんいん》の南派に対して北派と呼ばれている。大仙院は北派の筆頭寺院であり古岳宗亘禅師の開創である

方丈建築

○……大徳寺山内の庭園としては、大仙院とともに室町時代を代表する枯山水庭園である。ただし後述するように、同じ室町期の庭園であってもその作りや意匠背景などは全く異なる。これも南派と北派の差異が出ているようである。また庭に面した建築も、山内にある大仙院、瑞峯院とともに室町期の方丈建築である。本庭の作者は、わかっていない。本山の大仙院や妙心寺派の龍安寺などとともに相阿弥作庭説があるが、いずれの作品も共通するものがなく、現在では否定されている。最も有力な説は、本院の開祖である東渓宗牧禅師による作庭説である。

三尊石組

○……庭園の手法および様式は平庭式枯山水庭園で、方丈の北側に作庭されている。室町期の須弥山式ともいわれる斜立石の枯滝石組を中心として、方丈から向かって右側（東側）から

方丈北庭枯滝石組(須弥山石組)を中心とした景。

抽象的な構成をもつ枯滝石組。

左側（西側）へ、やや方丈よりに寄せて組まれている。また、その直線に配置された石組と枯滝石組から、方丈東側に向かって斜めに配された石組が交差している。その配置や立体図形感覚が大変素晴らしい。どちらの直線配置の石組構成もこの斜立石《しゃりっせき》を中心としていることから、この三尊形式で組まれた石組が本庭の中核をなすものである。

枯滝石組

◯……一般的な見解としては、この三尊石が表しているものは枯滝石組である。石組の手前に小さく低く据えられた上部の平らな丸い石があるが、これがこの斜立石三尊の水分石《みずわけいし》ではないかといわれている。となるとこの三尊石組は枯滝石組の抽象的な表現方法ということになる。このような抽象的な枯滝表現方法としては、同じ山内にある本坊庭園の枯滝石組があるが、こちらの作庭年代は江戸初期であり、本庭の抽象表現的な石組構

方丈東側にある壺庭、東滴壺全景。

成と比較すると、だいぶ具象的な構成になっている。それほどこの本庭の中心的な石組構成は迫力がある。またこの石組は中核をなすことから蓬莱山《ほうらいさん》ともいわれているが、また須弥山《しゅみせん》にも見立てられている。須弥山的石組とするならば、室町期を代表する須弥山石組といえるであろうが、断定できないところである。これ程までに厳しい一面を覗かせる主景の三尊石組であるが、明らかに後世のものであろう根締め的なサツキの刈込だけは気になる。室町期の石組は、組むことによって最も美しい姿を見せているわけであるから、植栽による添え物などは一切必要としない。厳しさや美を追究する庭園、植栽や花を愛でる庭園とは厳然たる隔たりがあったのが、この時代における大きな特徴である。

東滴壺

○……本院には、この室町期の庭園とともに現代の作品がいくつかある。なかでも方丈西側にある壺庭で鍋島岳生《なべしまがくせい》氏作の「東滴壺《とうてきこ》」は現代を代表する壺庭である。極小空間の中に石組と白川砂だけの庭園で、しかも五石だけで無限の広がりを見せた構成は、驚嘆に値する意匠である。

○……鍋島氏は東京農業大学の出身で、昭和十一～十三年に重森三玲《みれい》を中心に行われた全国一斉古庭園実測調査のメンバーの一人で、的確な実測及び製図には定評があった。それらの経験に基づいて設計された壺庭「東滴壺」は、石の選定や組み方など、すべてにおいて無駄がなく、またこれ以上削りようのない空間に仕上がっている。時代を経ても色褪せることのない、現在の壺庭空間を代表する作品といえるであろう。

古式と現代

○……方丈の南庭は「一《いっ》枝坦《したん》」と称される。樹齢七百年の「楊貴妃《ようきひ》」という山茶花が植わっていたが、昭和五十五年（一九八〇）に枯死したので、鶴亀蓬莱を主題とした枯山水庭園に作り替えられた。また庫裡書院《こりしょいん》の南側にある細長い庭園「滹沱庭《こだてい》」は、聚楽第《じゅらくだい》のものと伝わる礎石で飾られた空間。現在の龍源院は、室町期に作庭された、大徳寺山内としては最も古式の枯山水庭園を中心として、現代庭園が花を添えているが、室町後期の古式の立体的な石組を中心とした空間構成が、現代の庭園に対しても大きな存在感を誇示しているといえるのではないだろうか。

南庭の鶴亀蓬莱の庭園「一枝坦」。

【龍源院庭園平面図】

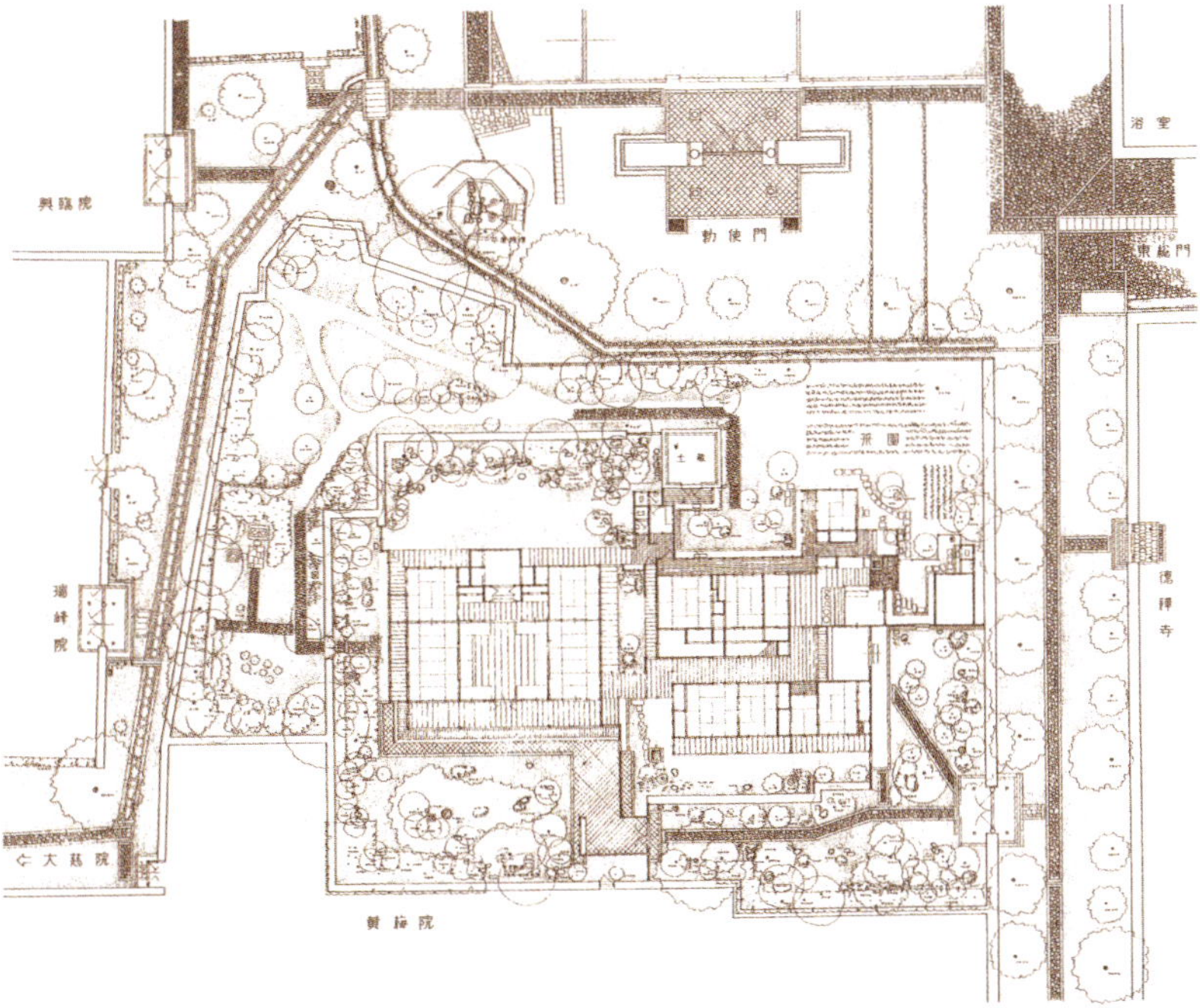

【平庭式枯山水庭園・露地】

真珠庵

◆作庭……室町時代・江戸初期

宗派：臨済宗大徳寺派
所在地：京都市北区紫野大徳寺町五二
面積：方丈東庭五〇㎡、庭玉軒露地六六㎡
【アクセス】市バス・大徳寺前下車すぐ●拝観／特別公開時のみ●問合せ／電話075（492）4991

沿革

○……大徳寺本坊の北に位置する。もとは和泉式部の夫である藤原保昌《ふじわらのやすまさ》の邸宅跡と伝えられる。後小松天皇の皇子であった一休宗純禅師（一三九四～一四八一）は、永享年中（一四二九～一四四一）に真珠庵《しんじゅあん》を創建されたが、ほどなく応仁の乱によって焼失してしまった。文明六年、勅命として四十八世の住持となり、禅師は大徳寺の再建に奔走したが、真珠庵にまでは及ばず遷化された。その後、禅師に深く帰依していた堺の豪商・尾和宗《おわそう》臨《りん》が延徳三年（一四九一）に再興を果たした。現在の方丈は、寛永十五年（一六三八）に再建されたもので、以前の建物より大きくなったようである。このように幾度かの変遷をしながら今日に至っている。

七五三石組

○……本庭で著名なものは七五三の石組《いわぐみ》と飛石《とびいし》、そして金《かな》森宗和《もりそうわ》の創建した名席「庭玉軒《ていぎょくけん》」に付随する茶庭である。また方丈南庭部分は、以前は老松が一本植わっていたが近年枯死してしまい、現在では無の空間である古典的な禅宗前庭となっている。七五三の枯山水庭園は、非常にわかりやすい構成となっており、方丈右側（南側）から左側（北側）へ向かって七・五・三の組み合わせになっている。最も南側の雨水排水用の溝のところに三石の石組があるが、これは後補のもの。全体的に小ぶりの石を用い、こぢんまりと

方丈東庭七五三石組、庭園に向かって左側（北）三石組。

方丈東庭七五三石組、北側（左）からの全景。

した庭園である。

柴屋軒宗長

○……作庭年代と関わることで一つ疑問点がある。現在の方丈が再建されたのは寛永十五年（一六三八）であるが、その建物の大きさとこの東側の庭園との規模が極端に違っている。寛永期の再建の際に作庭されたという説があるが、寛永期の頃の手法は桃山期からの影響が大きく、建物の規模から考えてもこのような小石で作庭することは考えられない。また、現在生垣で遮断されているところから、さらに奥の築地塀《ついじべい》手前の生垣まで約七メートル近くの奥行きがあることから、もし再建に際して新規の作庭をしたとなると、もう少し築地塀よりに作庭面積を拡げて作庭するはずである。このことから、この方丈が寛永期に再建される以前に存在していた梅屋軒《ばいおくけん》に面して作られていた庭園ではないかと推測される。禅師の元には様々な分野で活躍する人々が帰依し来寺したが、なかでも茶祖である村田珠光《むらたじゅこう》や、連歌師であった柴屋軒宗長《さいおくけんそうちょう》などがいる。この宗長が本庵に仮住まいとして梅屋軒を設けた（宗長の手記にある）際に作庭されたのではないかとも思われる。寺伝では村田珠光の作庭ということになっているようであるが、この件に関しても確証はない。いずれにしても寛永期の方丈再建の際の作庭でないことは間違いないであろう。現在の方丈からは、石組までの距離が近すぎるのと、視点も高すぎるので、違和感を感じるが、東庭全体の石組構成は、自然の山並みを思い起こさせるような組み方で、小さい石ながら力の強弱の付け方は素晴らしい。石を見立てる力と組む力を持つ作者が作庭した好例である。

庭玉軒

○……庫裡《くり》からは、一部を生垣の間からかすかに見るような感じであるが、中門から玄関に至る七五三の飛石《とびいし》も大変素晴らしい意匠である。この飛石は寛永期のものとされているが、中門は入ってすぐの西側から七・五・三の配置となっている。方丈の北側に正《おお》親町天皇女御《ぎまちてんのうにょご》の化粧殿である通遷院《つうせんいん》が移築されており、その通遷院北東の角に金森宗和作、二畳台目の名席「庭玉軒」がある。方丈と通遷院の間に中潜《なかくぐ》り門が設えられ、そこから通遷院前、庭玉軒に至る露地もまた絶品である。露地の道すがらには趣味のよい西之屋形の燈籠が据えられ、飛石も草庵の茶室に面した露地らしく小振りの飛石が低く据えられている。

内蹲踞《うちつくばい》

○……庭玉軒の露地で最も変化に富んだところは、蹲踞《つくばい》構成が内蹲踞になっていることである。宗和は飛騨高山の出身であったこと、また京都も冬場は底冷えがする大変寒い土地であったことから、冬場の茶事のことを考えて考案されたものである。蹲踞とは、手水鉢《ちょうずばち》に前石《まえいし》、湯桶石《ゆとうせき》、手燭石《てしょくいし》などの役石《やくいし》を加えた構成のことを指すが、大体において外にあるものである。また和泉式部遺愛の手水鉢も、梵字《ぼんじ》が美しく彫り込まれたもので、大変美しい縁先手水鉢として見立てられている。このように本庵は、推定室町期の美しい七五三石組と、また江戸期に入って完成された茶の美が見事に融合した空間構成と

中門から玄関へ向かう七五三飛石。

庭玉軒露地の飛石構成。

【真珠庵庭園平面図】

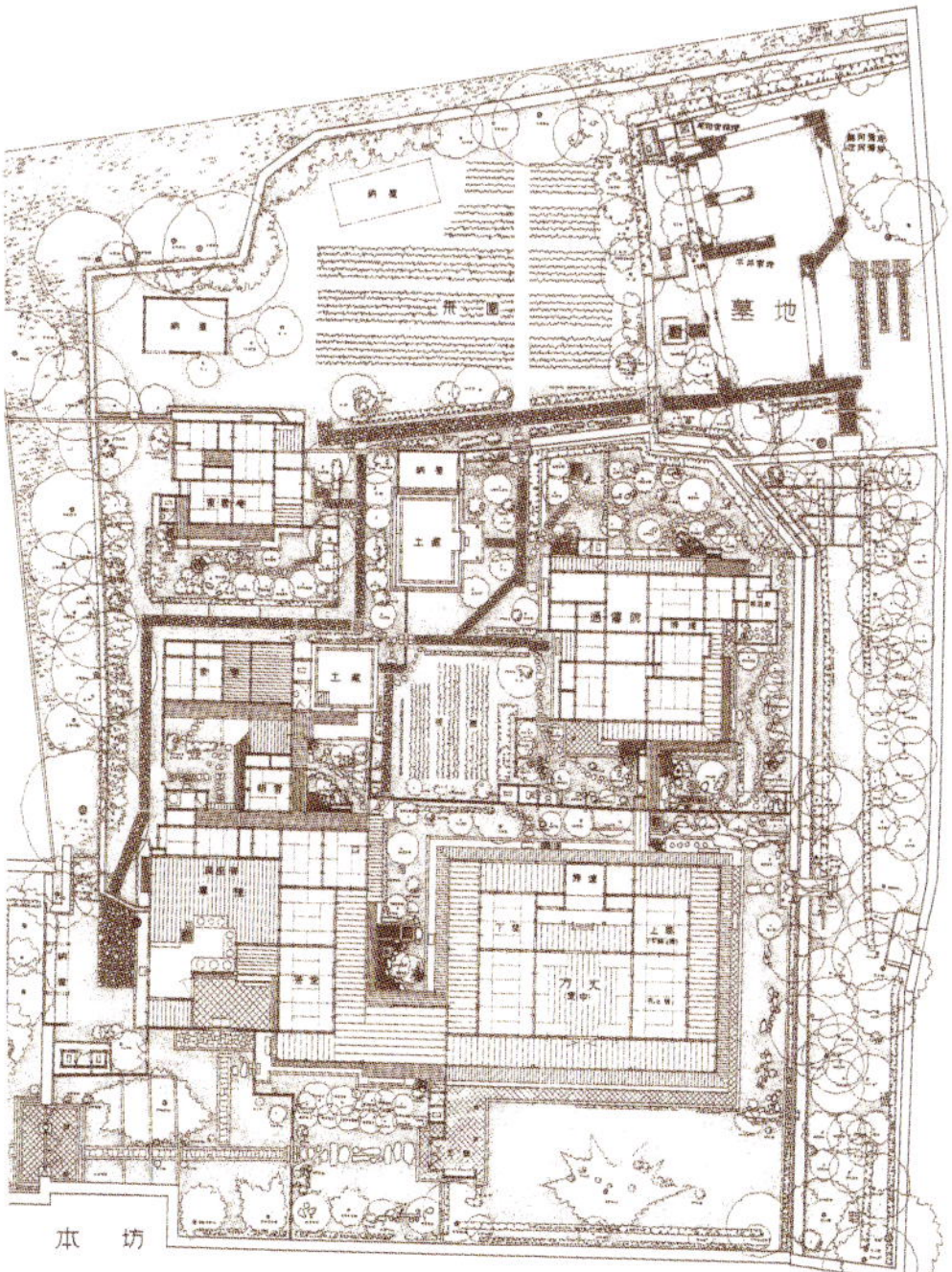

なっている。これは一休禅師の人柄を慕って帰依した者たちが、禅師亡き後もその意思を引き継いで守り通してきた証ではないだろうか。

【象徴式枯池枯山水庭園】

退蔵院

◆作庭……室町時代

宗　派：臨済宗妙心寺派
所在地：京都市右京区花園妙心寺町三五
面　積：約三六九㎡
【アクセス】ＪＲ嵯峨野線・花園駅下車、徒歩10分、京福電鉄北野線・妙心寺下車すぐ●拝観／9：00〜17：00●拝観料／500円●問合せ／電話075（463）2855

沿革

○……退蔵院《たいぞういん》は、元は千本松原の波多野氏七代義重の邸宅内に創立された。その後、応永年中（一三九四〜一四二七）に妙心寺山内に移建、山内で幾度か移動した後、天文年間（一五三二〜五四）に、亀年禅愉《きねんぜんゆ》禅師によって現在の地に再興された。寺伝によると、この時、狩野元信《かのうもとのぶ》によって作庭されたといわれている。

蓬莱神仙

○……本庭は方丈の西側に作庭されており、蓬莱神仙《ほうらいしんせん》思想を表現した庭園である。庭園全体を見渡すと優しさと美しさを兼ねそなえながら力強い表現があり、狩野派の絵画と一派通じるところがあるが、確証があるわけではない。隣接する霊雲院《れいうんいん》に元信が長く寄宿していたことと、作風に一派通じるところがあるために、このように推定されるのである。本庭は象徴式枯池枯山水庭園で、室町後期に作庭された枯山水庭園の志向がよく出た庭園である。この象徴式枯池枯山水庭園は、その後の桃山期から江戸期にかけて発達した手法である。

枯滝石組

○……本庭を一覧すると、まず方丈西側から向かって右側（北西角）の枯滝石組が目に飛び込んでくる。二段の滝になっており、水が飛散する感じを平たい真黒石によって表現してい

亀島から南側の景。

枯滝石組詳細。

る。これは次代の桃山期にも見られる手法で、室町期と桃山期の過渡期の作風と捉えてよい。その枯滝から目を左（南側）に移すと、庭園中央奥に象徴的な山型の大きな石が座っているのがわかる。これが蓬莱石で、さらに左に視線を動かすと蓬莱石を中心とした蓬莱石組が飛び込んでくる。このように、庭園最奥の築山部分には、北側から枯滝、蓬莱石、蓬莱石組が組まれている。また南西部には、その蓬莱連山のある築山部分が切れる池尻のあたりに、絶妙な青石が架かっている。

二つの橋

◯……奥の築山部分から今度は池中部分に視線を動かすと、枯滝と蓬莱石のほぼ中間あたりに島がある。これが亀島である。向かって島の左側に亀頭石があり、さらにその奥に亀手石も見られる。また、この亀島には二つの橋が架かっているが、作庭当初に架けられたと思われる橋は、島の中心奥の枯池護岸石組のある方へ架かっている自然石の緑泥《りょくでい》片岩《へんがん》（青石）の橋である。枯滝前に架かっている石橋は、京都産の自然石の石橋で、後補といわれている。他の二橋は緑泥片岩の橋石で、この時代に好んで使われており、慈照寺、大徳寺大仙院などにおいても見られる。京都特有の、自然の節理による割れ石（チャート）を見立てた石橋は、この庭園において多用されている京都産の同様の石と相まって、この空間の景に調和しており、また他の青石による石橋を引き立てる役目も担っているといえる。

南側から見た亀島全景。

鶴石組

○……蓬莱石があり亀石組もあることから、鶴石組の存在が気になるところであるが、手水鉢のあるあたりが元の鶴島の遺構である。残念ながら現在では荒廃してしまっており、昔日の面影はない。また本庭は、庭園南部の方丈脇からしか見ることができない。よって最も魅力的である枯滝、蓬莱石、亀島のあたりを正面にして見ることができないのは大変残念である。

余香苑

○……本院にはこの室町期の庭園の他に、昭和四十一年に中根金作《なかねきんさく》氏によって作庭された「余香苑《よこうえん》」がある。枯山水庭園と、滝から流れを伴って池に注ぐ形式の庭である。中根氏は鳥取県にある足立美術館庭園の作庭で有名であるが、その流れをくむ作風といってよいであろう。本庭は桃山期に至る過渡的な作風で、一部荒廃してしまっているところも見受けられるが、室町後期の手法がよく残された庭園である。

余香苑　枯山水「陰の庭」。

余香苑池泉部分。中央奥に滝を望む。

【退蔵院庭園平面図】

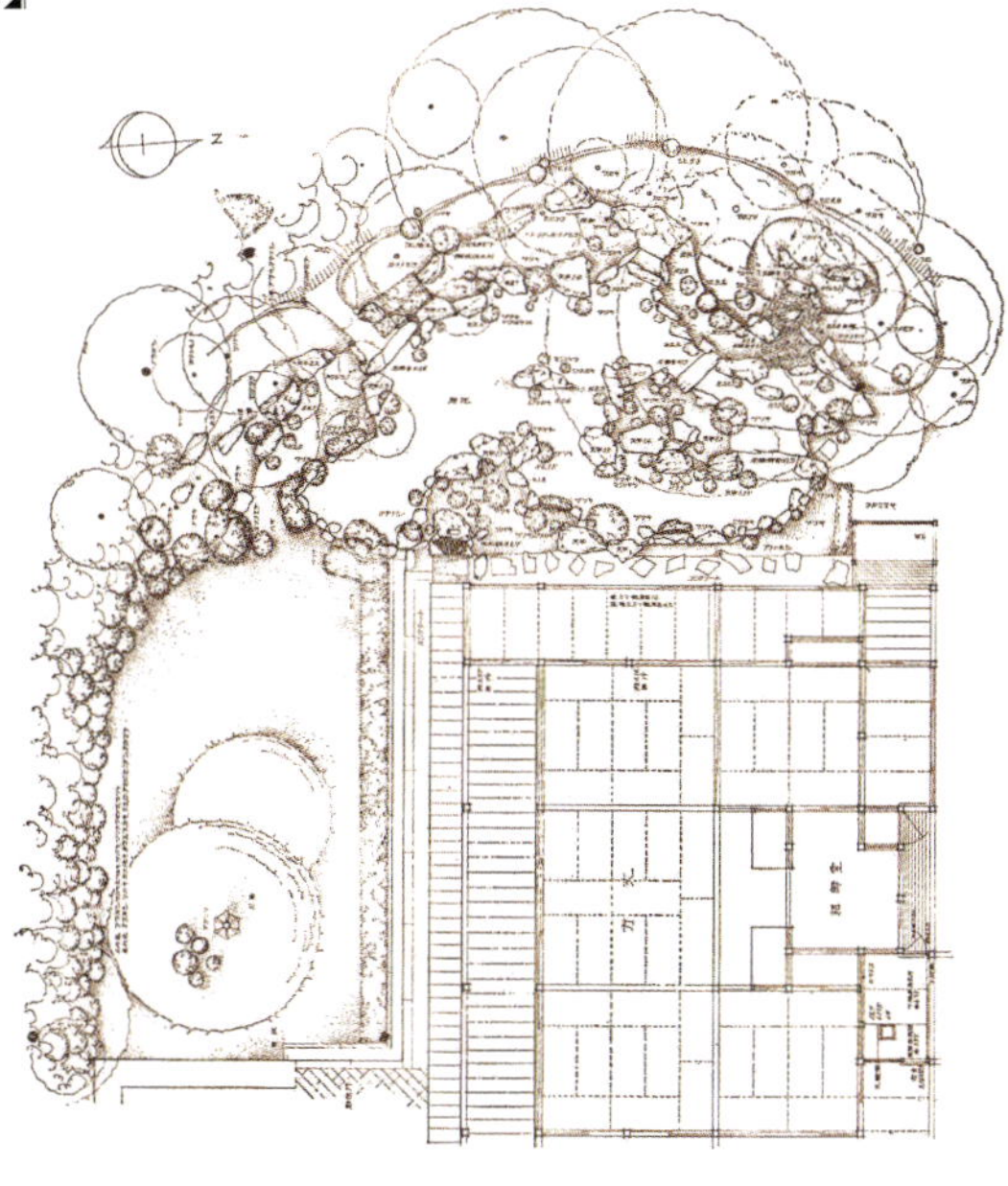

【準平地（多島）式池泉観賞・舟遊式庭園】

三宝院

◆作庭……桃山時代

宗派：真言宗醍醐派
所在地：京都市伏見区醍醐東大路町二二
面積：約五二八〇㎡
【アクセス】京阪バス・醍醐三宝院前下車すぐ●拝観／3月～12月第1日曜9：00～17：00 12月第1日曜翌日～2月9：00～16：00●拝観料／600円●問合せ／電話075（571）0002

沿革

○……太閤秀吉が醍醐《だいご》の花見を計画し、現地を訪れた際にたいそう気に入った庭園が本庭の前身（旧金剛輪院《こんごうりんいん》）である。花見の計画と同時に本庭の整備も行われ、秀吉自ら縄張りをしたのは有名である。秀吉は作庭途中に亡くなり、その後、太閤の意思を引き継いだ第八十代座主《ざす》であった義演准后《ぎえんじゅごう》によって作庭が続けられ完成した。

庭師賢庭

○……施工には、のちに小堀遠州のお抱え庭師となった賢庭が当たった。賢庭が大きく飛躍するきっかけとなった庭園である。当時の庭師はほとんど文献等に残されていないが、三宝院《さんぽういん》庭園の作庭に関しては、義演准后が日記（「義演准后日記」）をつけていたことから、詳細を知ることができる。作庭当初、庭師として与四郎兄弟という名前が出てくるが、程なくしてこの名は日記から姿を消す。そして新たに登場するのが賢庭である。

○……全体の石組手法など細部を見ると与四郎兄弟と賢庭とのあいだに目立った差異はなく、卓越した技巧をもった与四郎兄弟が、三宝院作庭中に後陽成天皇から賢庭という名前をいただいたのではないかと考えられる。賢庭の関わった庭園の代表的なものには、本庭と二条城二の丸庭園（江戸初期）、南禅寺金地院庭園（江戸初期）、大徳寺弧篷庵などがある。

信長、秀吉の愛好した名石「藤戸石」。

東側から見た、土橋の見える三宝院池泉の景。左隅に「藤戸石」が見える。

鶴亀蓬萊形式

◯……本庭の形式は準平庭式の池泉庭園。建物からの観賞式であり、また舟遊も行われたようである。庭園の主題は鶴亀蓬萊形式である。秀吉の当初の計画は中島を設け、島に護摩堂を建てて橋を架けるということであった。現在、中島はあるが、それらの島に護摩堂はない。また護摩堂を建てるほどの大きさをもった島もない。現在の三宝院庭園は滝が二つあり、東南に賢庭の組んだ三段の滝がある。これは明らかに書院や純浄《じゅんじょう》観《かん》から眺められるように造られた滝である。北東にある滝は、本庭を作り替える際に二筋の滝を作る秀吉の計画に則ったものであるが、建物からの眺めはとうてい無理である。この北東にある滝の風情と護摩堂が合うことから、護摩堂を建てた中島から眺められるようにしようとしたのではないか、と推測される。作庭途中で秀吉が亡くなって護摩堂の計画自体が頓挫してしまい、結局、当初の計画通り滝が本庭に残ったのではないか。また、護摩堂を建てるほどの中島の規模から考えると、池の大きさ自体も当初の計画より小さいのではないかと思われる。

三段の滝

○……本庭の見所としては、鶴亀両島を配した池庭及び池奥にある築山などに多数施された石組類である。この数の多さは、やはり豪華なというべきであろう。また、二筋ある滝のうち、書院から向かって左奥（東南）に設けられた三段の滝も忘れてはならない。この滝は京都の庭師にとって手本であり、ある種教科書的な構成の滝といえる。山県有朋の別邸として名高い無鄰菴《むりんあん》の最奥部には、この滝を手本とした三段の滝が組まれている。

藤戸石

○……様々な石が運び込まれたのが本庭の特徴であるが、信長が愛好し、さらに太閤も愛好した名石「藤戸石《ふじといし》」は特に有名。秀吉が聚楽第《じゅらくだい》にあったものを三宝院に移したもの。では何故この藤戸石が信長や秀吉に愛好されたのであろうか。形の面白い石ではないし、自然の急峻な山を思い起こさせるような緊張感を持った形でもない。実際近寄って見てみると、現在では表面に苔も生え、長い年月が経っていることを思わせる風貌であるが、表面が石英質で白く輝きを持ったところがまだ一部残っている。つまり表面全体が白く光り輝くような石だったのではないかと思われる。それは秀吉の派手好みという観点にも一致するし、庭園内の庭石の中でもひときわ目立つ存在であることは間違いない。庭園内の最も中心的な意図を持たせた構成にすることが容易にできるために、重宝がられたのではないだろうか。

左右に流れを振りながら水を落とす三段の滝。

石橋

○……どうしても豪華な多数の石に注目しがちであるが、本庭の石橋構成も桃山期における特徴がよく出たものである。西本願寺対面所庭園などとこの三宝院の構成とは大変よく似ている。二橋を直線に架け、一橋のみ折れ曲がって架ける手法である。その一橋は書院の方向へ極端に折れ曲がった形で自然石の橋が架けられている。また藤戸石のある方向へは土橋が架けられており、この質感のまったく異なる橋の構成も絶妙である。そして鶴島、亀島などの蓬莱神仙島に橋が架けられている点も見逃してはならない。

鶴島の景。左右に橋が架かっている。

亀島の景。

○……本庭は板橋、土橋、石橋の三種類の素材の異なる橋が架けられており、そのどれもが控えめながら庭園内においてその場での役目をしっかりと果たしているところも見所である。天下人たる秀吉が、花見のために訪れたこの地で惚れ込み改造に着手した本庭は、もとからの素性の良さに加え、当代最高の技術を持った賢庭によって、何倍にも大きく輝きをもった庭園になったのである。

【三宝院庭園平面図】

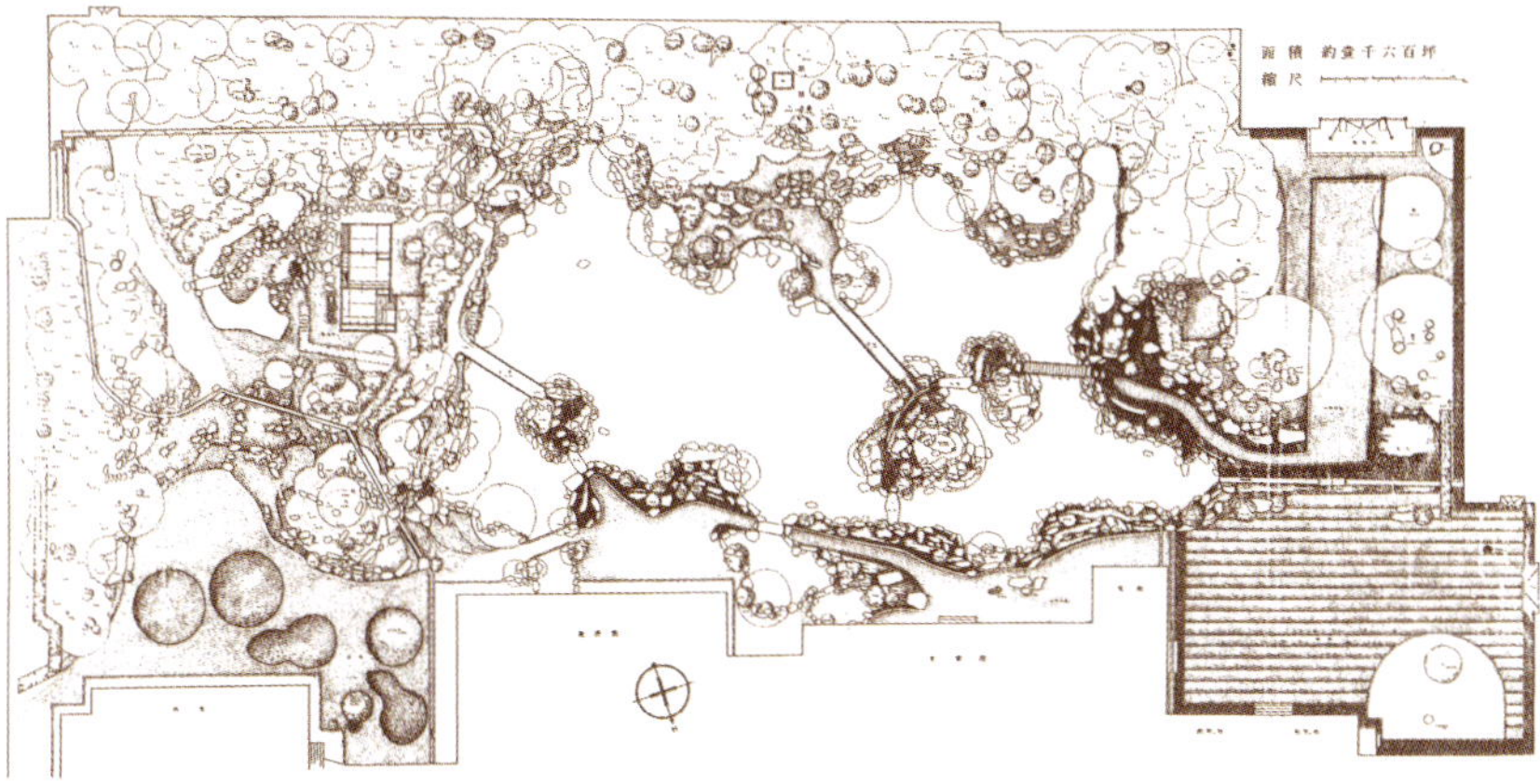

【枯池築山式枯山水庭園】

西本願寺対面所庭園

◆作庭……桃山時代

宗　派：浄土真宗本願寺派大本山
所在地：京都市下京区堀川通七条上ル
面　積：約七五九㎡
【アクセス】市バス・西本願寺前下車すぐ●拝観／往復葉書で申込●問合せ／電話075(371)5181

沿革

◯……本庭の作庭時期ははっきりとしない。だいたい慶長期に作庭されたが、建物は元和二年（一六一六）に焼失、寛永九年（一六三二）に再建された。その際に一部建物側の部分が改造されたようであるが、火災によっても庭園はほぼ無傷で、庭石にも火災の跡がないのは不思議である。様式的には桃山期のものであること、後述する切石橋にも桃山期から江戸初期にかけての特徴がよく出ていること、鶴、亀島の規模から考えると建物に近すぎること、現在の対面所の建物直下の部分が尻切れとんぼ的な意匠になっていることなどを考え併せると、もう少し広い敷地に作られた庭園の、火災で被害を受けた辺りが改造され、再建する際に建物が拡張され庭園が縮小された結果、現在のような形で残されたのかもしれない。しかし、未だ不明な点が多い。

具象志向

◯……本庭は桃山期の庭園らしい大きな石を多用した豪華絢爛な庭園である。全体的な構成は、完全な池泉式の形態を取った枯山水庭園で、このまま水を溜めるような施工をすれば、池庭として成り立つ地割《じわり》となっている。庭園中央やや左よりの奥に枯滝石組を配し、滝から水が落ちた際にできる泡が飛散している情況を、小石などを使って表している。また枯池には鶴島、亀島の二島を配してい

鶴島の中でひときわ象徴的な羽石。長さ3.6m、高さ1.9mの巨石。

口を開けたように見える亀頭石。

枯滝とその右側集団石組。上部中央の石は遠山石。

る。枯滝における水の飛散しているような光景や、亀島における具象的な亀頭石などは、室町期に多用された抽象志向とは対照的な具象志向である。こうした具象性に傾いていく枯山水庭園は、桃山期から江戸期にかけて作られた手法で、室町期の枯山水庭園よりもさらに具象化していく先駆けともいえる。

鶴亀蓬莱

○……本庭の主題は鶴亀蓬莱の世界を表現しているが、先述したように室町期の亀島の手法と比べると、より具象的な形式を取っている。亀頭《きとう》石《せき》などはまさに亀の頭そのものである。それと相対する鶴島の羽石に大変大きく色鮮やかな豪華な石が使われているのも桃山期らしいところ。鶴島の左後方には出島がある。またその少し離れた右側の護岸石組《ごがんいわぐみ》は洞窟形式になっている。

切石の反橋

○……もう一つ本庭の特徴的なところに、鶴亀両島に架かっている切石の反橋《そりはし》がある。この花崗岩を加工した橋石は桃山期から出てきた手法であり、ここの切石橋は初期形態の大変珍しいものである。つまり橋石の上部と左

亀島と鶴島に架かる切石橋。下部の仕上げに注意。

右の側面は綺麗に小叩きで仕上げられているが、下部はかまぼこ状になっている。このような手法は切石橋が出てきた当初に見られる仕上げ方である。なぜこのような仕上げ方になったのかははっきりとしないが、江戸期に入ってからの仕上げは四面全てにおいてであるから、まだ初期段階においては強度的な問題で下部まで仕上げられなかったのかもしれない。

○……このような手法の切石橋において、現在わかっている最も古いものは、同じ西本願寺にある国宝建築飛雲閣《ひうんかく》の前に広がる池庭に架かる切石橋で、聚楽第から運ばれたものといわれている。またこのような切石橋で最長のものは、東京・靖国神社神池に架かっているものがそうである。それまでは徳島城庭園に架かる五メートル四〇センチの切石橋が最長であったが、近年の靖国神社神池における調査及び復元修理において、明治期に作られた庭園でありながら、この神池における石材の多くが江戸にあった武家屋敷で使われていた石材であることがわかった。大きな発見といえるであろう。

三橋構成

○……西本願寺虎渓庭《こけいのにわ》における橋の構成は伝統的な三橋構成であるが、向かって右側奥から自然石の橋石が架けられ、後の二橋は切石橋である。そのうちの二石までは直線に架けられているが、後の一石は折れ曲がって架けられている。日本庭園の橋石橋の構成で最も古い形態は京都天龍寺にあるもの。つまり三橋を直線に架けるのが古い方式である。その構成も時代が下がるにつれて徐々に一石だけ折れ曲がるようになってくる。また蓬莱神仙島に積極的に橋を架けるのもこの時代からの特徴である。

○……植栽類は近年整備されたことから、それまで枯滝を覆い尽くすようだった樹木類もさっぱりと整備され、豪華で色鮮やかな石と木々が調和する庭園になった。

亀島全景。橋の袂にある亀が口を開けたように見える石が亀頭石。

【西本願寺対面所庭園平面図】

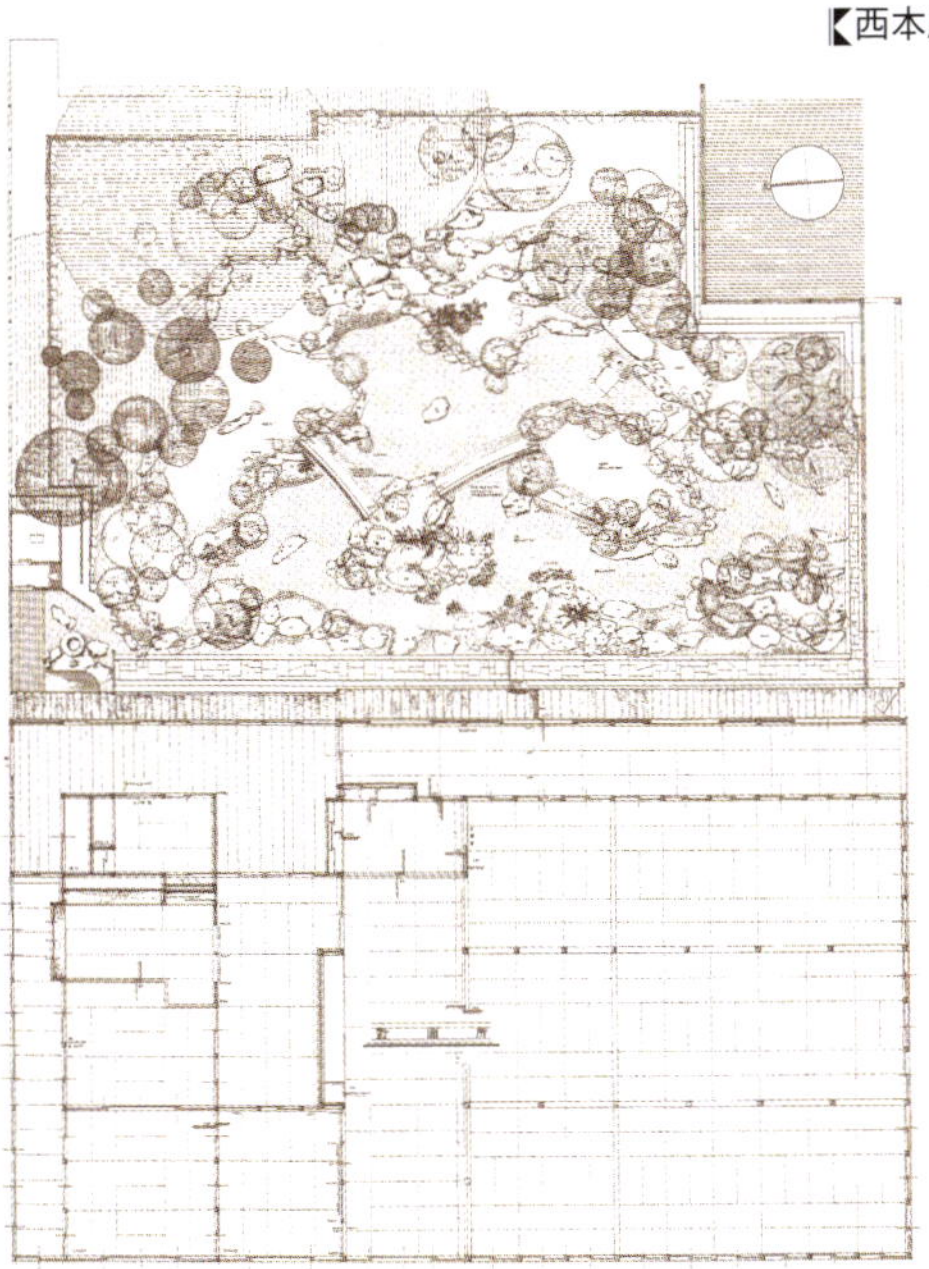

【築山結合式枯山水庭園】

金地院

◆作庭　江戸時代初期

宗　派：臨済宗南禅寺派
所在地：京都市左京区南禅寺福地町八六―一二
面　積：約四九五〇m^2

【アクセス】地下鉄東西線蹴上駅から徒歩約5分 ●拝観／12月～2月　8：30～16：30、3月～11月　8：30～17：00 ●拝観料／400円 ●問合せ／電話075（771）3511

沿革

○……黒衣の宰相といわれた金地院崇伝《こんちいんすうでん》が中興した寺院である。崇伝自身は本庭作庭途中に完成を見ずして没した。庭園は小堀遠州《こぼりえんしゅう》の作で、施工は賢庭《けんてい》がおこなった。寛永八年（一六三一）頃に着手し、翌九年に完成。遠州はこの頃作事奉行を務め、幕府の命によって数多くの作庭をこなしたが、現存している庭園は少ない。本庭、孤篷庵、二条城庭園の改修による部分などが残る。

鶴亀蓬莱

○……本庭の構成であるが、方丈前庭は鶴亀の庭として有名である。全体の構成は、寺院庭園の常道ともいえる鶴亀蓬莱を中心とした意匠であるが、この時代の禅宗方丈前庭の特色である植栽や石組を後方に追いやって、庭園前面を大きく空ける構成となっている。このような構成は江戸初期方丈前庭の特色である。同時代の同じような空間構成を持った代表的な庭園には、大徳寺本坊、南禅寺本坊、正伝寺などがある。

東照宮

○……意匠構成は先述したように鶴亀蓬莱を主題とした庭園である。方丈から向かって右側（西側）に鶴島、左側（東側）に亀島を配している。それら両島が挟むような形で、中央部に畳五畳ほどの大きさの礼拝石《らいはいせき》が置かれている。礼拝石の奥は斜面となっており、その

鶴島全景。向かって左側の低く長い石は鶴首石。

庭園中央奥に蓬莱山の築山が見える。手前の低く大きな平板石は礼拝石。

斜面を蓬莱山とし、斜面中央の下から遠山石のような形式で石組を施し、後は植栽による構成となっている。礼拝石後方斜面の上には東照宮がある。東照宮は家康を祀る神社であるから、やはり崇伝、遠州ともに徳川と深い関係であることを物語っている。この礼拝石は背後の東照宮に対しての役目である。

具象的表現

◯……鶴島、亀島の表現方法は、桃山期から江戸期にかけての具象的な表現法となっており、構成は大変わかりやすい。特に本庭の鶴島構成は、京都にある庭園の中で、鶴を表現したものとしては最もわかりやすい。礼拝石に向かって上面の平らな大きな石が伸びているが、これは首を大きく前に投げ出してまさに飛び立とうとしている鶴の首（鶴首《かくしゅ》石《せき》）を表現している。島全体の膨らみはその際の鶴の胴体を表現している。鶴島中央に象徴的に立てられた三尊石構成の羽石もあり、これほどまで具象的に表現されているのも珍しい。鶴の全体構成は具象的であるといっても、やはり遠州らしい力強い石組構成は健在であり、本庭の石組の中でも特にこのあたりの意匠は圧倒的である。

鶴島前にある美しい配置の切石飛石。

遠州の巧みさ

〇……それに対し亀島の構成は比較的おとなしい。おとなしいといっても、桃山期からの影響を受けており、やはり豪華な雰囲気を持った石組構成であることには違いない。亀頭石、亀甲石、亀尾石、亀脚石などを備えた構成となっており、室町期の亀島構成と比較すると、時代が下った分かなり具象的な構成となっている。また少々方丈からは離れているので見にくいが、礼拝石後方の小ぶりな石を用いながらの集団石組にも、遠州の巧みさがよく出ていることに注目してほしい。本庭の西側に大曲《おおまがり》の切石による飛石がある。同じ寸法の切石でありながら角度を変えて据えており、単に並べるだけの単純さを回避して、この庭園の構成や美しさをより引き立てている。

八窓席

〇……本院には遠州の設計した三畳台目の茶席「八窓席《はっそうせき》」が残されている。庭園だけでなく建築においても非凡な才能を持った遠州らしさが、ここでも遺憾なく発揮されている。本庭はいかにも遠州らしさのよく出た構成で、力強さの中に華麗さがあり、現存している遠州の代表作であるといえる。また施工面では賢庭の癖がよく出ており、醍醐寺三宝院庭園の石組などと比較すると、作者は異なっても施工者による違いは隠せないことがわかって興味深い。江戸初期における豪華さに浸るのもよし、黒衣の宰相といわれた崇伝に思いを馳せながら、その当時の渦巻く政治の世界を想像しながら見るもよし。そして遠州と賢庭における設計者と施工者の心意気がぴたりとあった心地よい空間に身を寄せるのもよいであろう。そんな様々な想いを抱きながら心地よい対峙ができる庭園である。

鶴島側から見た金地院庭園全景。

方丈から向かって左（東）にある亀島全景。

【金地院庭園平面図】

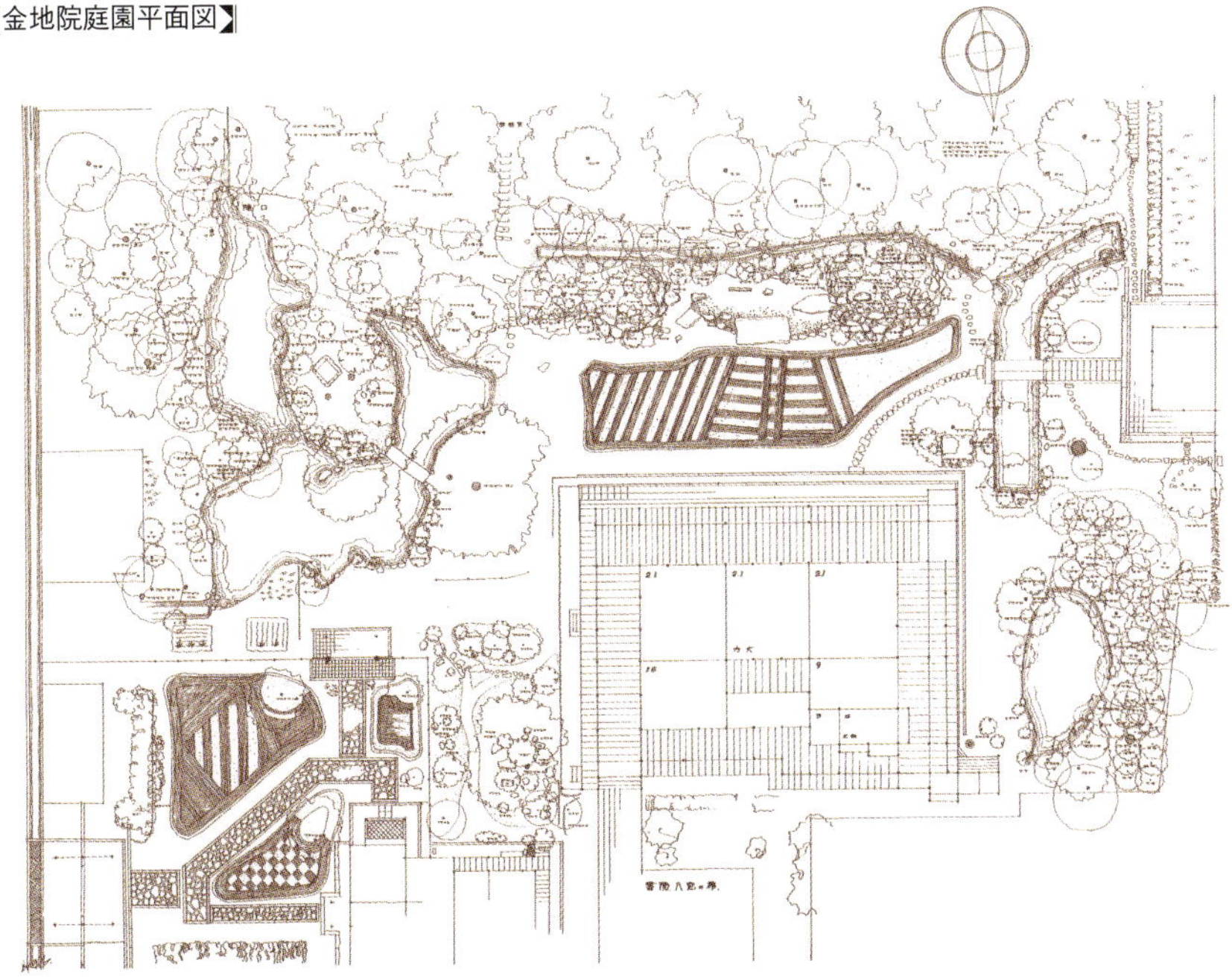

【平庭式枯山水庭園】

正伝寺

◆作庭……江戸時代初期

宗派：臨済宗南禅寺派
所在地：京都市北区西賀茂北鎮守菴町七二
面積：約三六三㎡
【アクセス】市バス・神光院下車、徒歩15分●拝観／9：00～17：00●拝観料／300円●問合せ／電話075(491)3259

沿革

○……正伝寺《しょうでんじ》は、文応元年（一二六〇）に宋より来朝した兀庵普寧《ごったんふねい》禅師が、鎌倉中期の弘長元年（一二六一）、京都一条今出川に創建した。文永二年（一二六五）に普寧は帰宋するが、その後、東巌恵安《とうげんけいあん》禅師が跡を継ぎ、弘安五年（一二八二）年にこの西賀茂の地に移ったのである。

七五三形式

○……本庭は江戸初期における典型的な配置構成を取った庭園である。ここでは方丈の東に作庭されており、面積約一一〇坪（三六三平方メートル）で、方丈前面を広く空けながら刈込を東側の塀に寄せて、南から七、五、三の刈込配置になっている。南禅寺金地院や、南禅寺本坊、大徳寺本坊などと同じ、庭前面を広く空ける手法である。使われている素材が植栽のみであること、その植栽も大刈込意匠で、しかも七五三形式になっているところが本庭の特徴である。大刈込の庭園としては、滋賀県の大池寺《だいちじ》庭園、奈良県大和郡山《やまとこおりやま》にある慈光院《じこういん》庭園、岡山県高梁《たかはし》市にある頼久寺《らいきゅうじ》庭園（いずれの庭園も江戸初期）などが有名であるが、七五三の刈り込み形式は正伝寺以外に例がない。

植栽構成

○……植栽構成は、南側の七組においては（方丈より向かって右側）、ヒメクチナシ、アオキ、

七五三刈込、
庭園左（東西）三群刈込。

七五三刈込、全景。背後は比叡山。

サザンカ、サツキ、ナンテン、ヤブコウジ、チャの混植、中央の五組はサツキとサザンカ、北側（方丈より向かって左側）はすべてサツキの構成となっている。七五三形式の禅宗南庭では龍安寺庭園が有名であるが、龍安寺は石庭といわれるように石のみによる構成となっており、この正伝寺とは全く逆の構成を取っている。作られた時代背景も異なるし、配置などの空間構成も異なることから、容易《たやす》く比較することはできないが、素材が異なることによって、空間構成が大きく異なってくることに注目したい。

維持に傾注

○……正伝寺は、背後の土塀が低く囲まれていることからある程度借景的な要素を取り入れた構成となっているが、龍安寺は全く借景を必要としない、といった構成の違いにも注目しなくてはならないだろう。ただし龍安寺のような石のみによる意匠の場合は、天災や人為的な破壊行為がない限り永遠不変であるが、本庭のような植栽のみによる意匠形成の場合は、維持に傾注しなくてはならない。常日頃、刈込管理をして現状維持に努めても、相手は生き物であるから年々少しずつであるが成長を止めることはできないのである。戦前の昭和九年（一九三四）、重森三玲を中心とした京都林泉協会の会員有志（川崎順一郎、小宮山修康、戸島敬三、他数名）が、荒れた状態を整え、また明らかに後補の景石を取り除いて現状復帰させた。しかし十年おきぐらいに撮影された写真を見比べると、やはり修復した当初よりも現在では大きく、また形態も異なってきているのがわかる（下写真参照）。

美しい色彩

○……前面に敷き詰められた白河砂と、刈込の緑、またそれらと外界を遮断する漆喰塗り塀と、さらに奥に広がる緑の山々。これらの緑と白の織りなす色彩が大変美しく、また秋口になると紅葉という年に一度の特別な色合いが付加されることよって、さらに美しさを増す。意匠のおもしろさ、色合いの美しさ、そして植栽による柔らかさをもった、禅宗寺院独特の緊張感を伴って堪能できる庭園といえるであろう。

七五三刈込、庭園右（東南）七群刈込方丈側からの造形。
上は昭和30年頃、下は現在。

七五三刈込、庭園中央五群刈込方丈からの造形（昭和30年頃）。

【正伝寺庭園平面図】

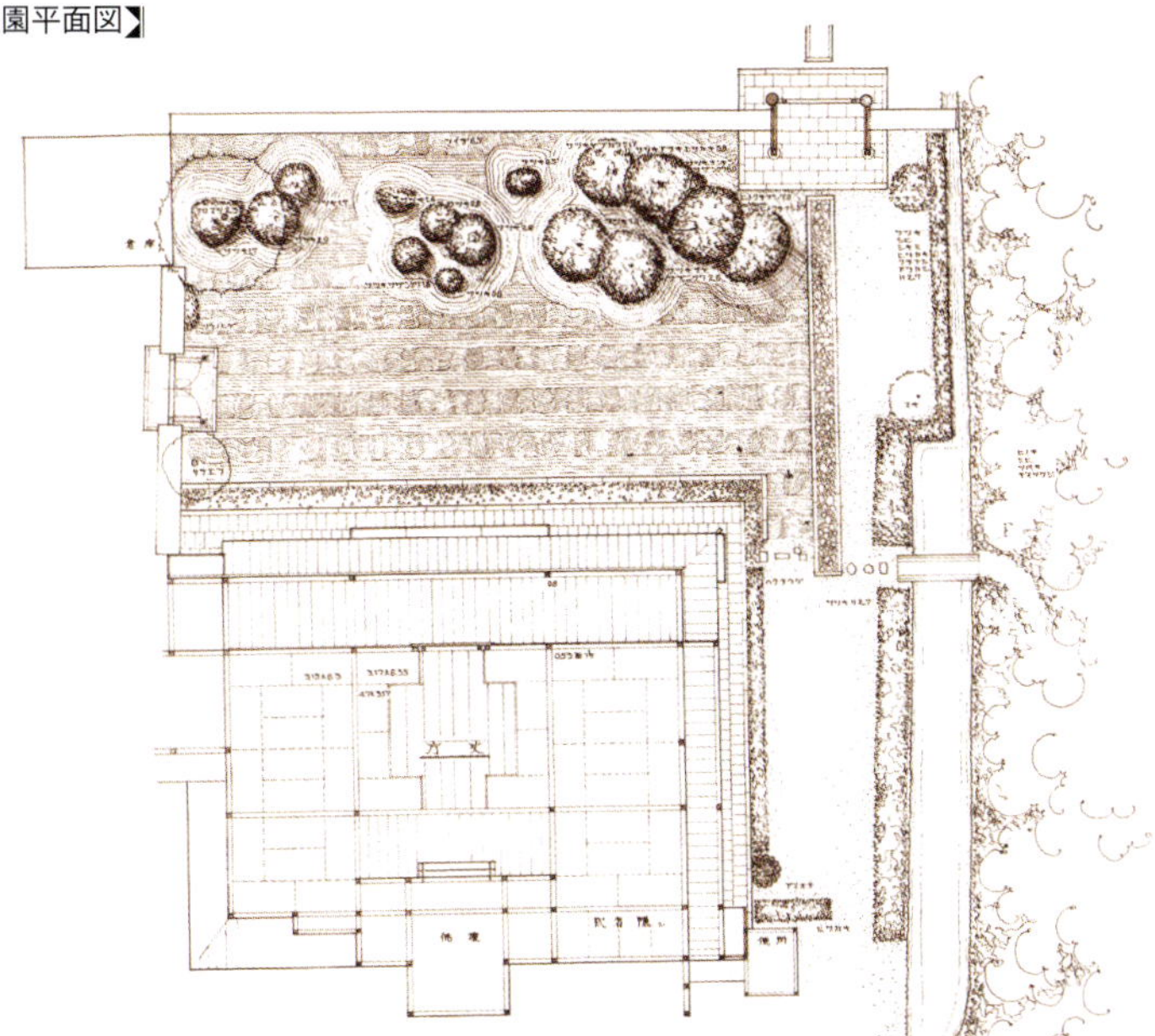

【平庭枯池式枯山水庭園・露地】

孤篷庵

◆作庭……江戸時代初期

宗派：臨済宗大徳寺派
所在地：京都市北区紫野大徳寺町六六
面積：約一五五四㎡
【アクセス】市バス・大徳寺前下車すぐ●拝観／特別公開時のみ●問合せ／電話075（491）3698

沿革

○……孤篷庵《こほうあん》は、小堀遠州が終生の栖《すみか》として、正保元（一六四四）年に現在地に移築したが、遠州は正保四年に他界した。孤篷庵完成の一年前であった。施工は、遠州のお抱え庭師であった賢庭一派と思われる。遠州と賢庭は、当代を代表する設計者と施工者であり、この関係があったからこそ遠州の設計が具体化されたわけである。よき設計者にとって腕利きの施工者は、なくてはならない存在なのである。遠州の代表的な作品として今日も保存されている庭園には、二条城二の丸庭園（一部改修）、金地院庭園、仙洞御所がある。他にも江戸城築造の際など、様々な文献資料に登場してくるが、現存しているものはない。これらの作庭の際にも賢庭が請われたと思われるが、記録は残っていない。はっきりと文献に残っている賢庭のものは、醍醐三宝院の作庭の際に、主として携わったことが当時の三宝院の住職であった義演准后《ぎえんじゅごう》の日記に出てくる（四十八頁参照）。

遠州の非凡さ

○……本庭は遠州が要職についていたころの作風とはかなり異なり、公の庭園と自邸の庭園の差をはっきりと感じとることができる。また、余生を過ごすための場であることから、これまでの作風とは異なったおとなしい意匠になるのは当然であろう。主庭は自

前庭の直線構成。

名席忘筌からの眺め。

然の風景を元にした作品で、金地院などとはうって変わって極度に少ない石組、また全体的におとなしい石組に終始しているところがおもしろい。それでいて古典の手法と新しい手法を自在に取り混ぜているところなど、遠州の非凡さをよく表している。

直入軒から望んだ主庭の景色は、最奥に築山を設け、その中腹あたりに三尊石組による枯滝を組んでいる。そこからの枯れ流れが、中央少し左寄りにある橋石をくぐって、直入軒《じきにゅうけん》正面の大海にそそぐ形式になっている。このあたりの手法には遠州らしい力強いものがあるが、決して華美にはなっていないところに彼の才能が光っている。

茶室と露地

○……茶人遠州らしい創意工夫された茶室と露地も目を引く。茶室は「忘筌《ぼうせん》」と名付けられた。公務に忙殺された生き方から解き放たれたことを示唆する名である。縁先手水鉢に彫られた露結《ろけつ》の意味もまた同様である。これらの茶室や露地の手法は、利休の草庵式とは異なり、書院式の茶室で明るく解放感に満ちた茶室でありながら、蹲踞《つくばい》や躙《にじ》り的要素を持たせた作りになっているのも非常におもしろい。遠州の作庭の集大成であるといってもよいであろう。

方丈南庭。チャボヒバによる牡丹刈。

牡丹刈り

○……植栽の使い方としておもしろいのが、方丈南庭の東側にあるチャボヒバの群生である。これらの刈り込み方が特徴的で、牡丹の花のような形で、冬場にその刈込の上に雪が積もると、まるで白い牡丹が咲いているかのように見える。これが有名な牡丹刈りである。ちょっとした植栽の工夫にも、遠州の長年の経験と才能を見る思いがする。

不昧公が再建

○……弧篷庵は完成後一五〇年程たった江戸末期に全焼してしまい、すっかり灰燼に帰してしまった。このままでは遠州の功績も消滅してしまうという危機感から、遠州を慕い尊敬していた松平不昧公《ふまいこう》が残されていた古図を元に再建を果たした。現存している建物や庭園はこのとき再建されたものである。その際に山雲床《さんうんじょう》が新たに付加された。

○……その四畳半台目の草庵と書院式のあいだにあたる茶室は、不昧公が遠州に寄せる思いを具現化したもので、山雲床の貴人《きにん》口《ぐち》にある布泉《ふせん》の手水鉢にもそれはよく表れている。露地の反対側に水タンクを設置し、手水鉢の水穴の中心に開けられた穴から、サイフォンの原理であたかも水が湧き出ているかのような仕掛けが作られている。手水鉢に彫られた「布泉」の「布」はお金、「泉」は絶え間なく湧き出る泉を指す。遠州の目指したお茶の精神などが、いつの時代になっても滞りなく世間に広まっていくことを願ってこのような手水鉢を置いたのである。また、この露地内にある古式の織部燈籠《おりべとうろう》や、刀掛石《かたなかけいし》に用いられている化石にも注目していただきたい。

門前涸濠に架かる創建当時の石橋。

直入軒より書院南庭を望む。

【孤篷庵庭園平面図】

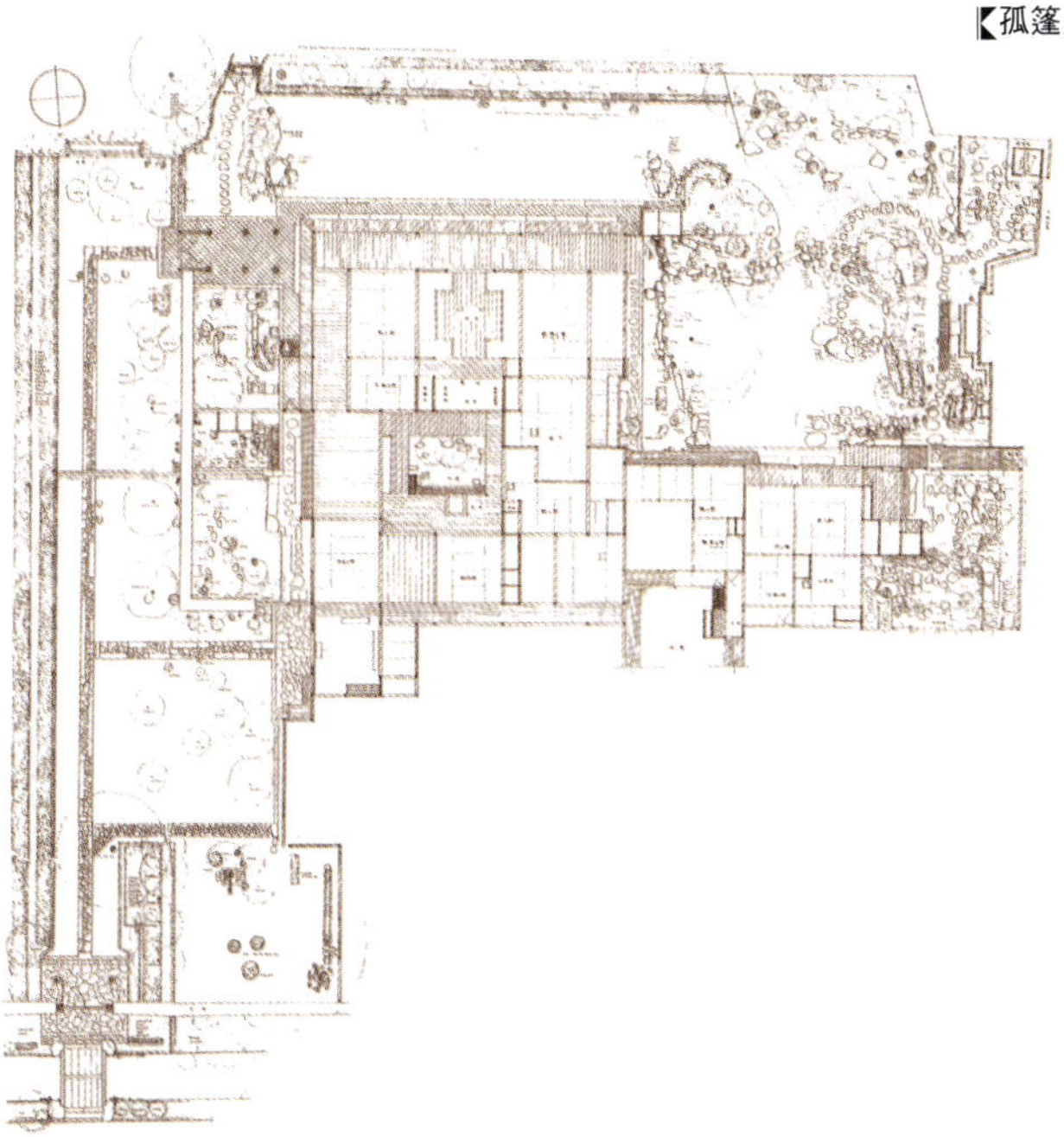

【平庭式枯山水庭園】

円通寺

◆作庭……江戸時代初期

宗　派：臨済宗妙心寺派
所在地：京都市左京区岩倉幡枝町三八九
面　積：一九九五㎡
【アクセス】市バス・円通寺道下車、徒歩10分●拝観／10：00～16：00●拝観料／500円●問合せ／電話075（781）1875

沿革

○……円通寺《えんつうじ》は、京極忠高《きょうごくただたか》の室で後に霊元天皇の乳母となった円光院文英尼《ぶんえいに》が、延宝七年（一六七九）妙心寺の禿翁《とくおう》禅師を開山として創立した禅寺である。現在の客殿はこの時、東福門院御所の建物を賜って移築したものである。

南庭の特徴

○……本庭および書院の全庭で、全体構成は典型的な江戸初期の庭園形態、すなわち左隅奥に石組などを寄せる配置になっている。これと同様の意匠をもった庭園には、妙心寺雑華《ざっけ》院《いん》、大徳寺本坊の庭、南禅寺本坊の庭などがある。その他にも、江戸初期に作られた方丈南庭としては、南禅寺金地院庭園、正伝寺庭園などがある。これらの特徴は、南庭空間の奥に石組や植栽をしていることである。室町期のいわゆる無の空間から、やがて石組や植栽がなされるようになるが、ふたたびこの江戸初期にいたって前面を空けながらもその奥の部分に意匠を施すという南庭空間形態の特徴が現れる。円通寺庭園はまさにその形態の庭園である。

作庭家

○……本庭の作者は不明だが、妙心寺の雑華院の庭が円通寺と大変よく似ていることから、雑華院の作者である玉淵《ぎょくえん》ではないかといわれている。雑華院とは構成だけでなく、意匠もほぼ同様であり、石の選択から構成、配置に

庭園内の石組構成。
全体に高さを低く据えているのがわかる。

御幸御殿からの庭園中央部の眺め。生垣に比叡山を望む。

至るまで石組も類似している。様式論の観点からいえば、玉淵の可能性は高い。

借景

◯……本庭でよくいわれる借《しゃっ》景《けい》については、この庭園ができたときの周囲の状況をまず考えてみる必要がある。現在は、比叡山の方向に向かって敷地が下がっており、その下がったところが竹藪、その先が水田になっている。当初から上述の竹藪と水田の構成が変わらなかったとすると、竹藪の場所が問題になってくる。現在の竹藪は住職の尽力によって高さを押さえられているが、その姿には不自然なものがあり、比叡山の見え方にこだわりすぎているように思われる。

◯……また額縁的に配置された生垣後方の檜《ひのき》の問題もある。昭和四十年代に撮影された写真を見ると、現在比叡山を挟むような形で植えられている檜の比叡山よりに一本ずつ植わっていたので、現在の借景とはかなり違っている。借景を唱えるのであれば、現在庭園の左側にあるモミジを伐採しないと比叡山とのつながりが断たれてしまうし、全体の構成があまりにも比叡山だけを強調し過ぎているのも問題である。確かに今と同様に比叡山が見えていたのであれ

ば、旧に復すということは正しいが、その昔この地にあって、果たしてそこまで比叡山の方向が開けていたかという疑問も拭いきれない。

特徴的な石組

○……その他にも問題点はあるが、それらのことを差し引いても、この庭園の構成は素晴らしい。全体を見渡すと、石組が低く、伏せ石が主体のような感じがする。強調すべき立石もかなりあり、力強い構成感をもっているのがわかる。特に左奥にある立石を中心とした石組は――書院から眺めるのと庭先に降りて見るのとでは視点の違いもあるが――かなりの差があり、この庭園の作庭者の力量が素晴らしいものであったことを伺わせる。

○……雑華院とかなり似通った石組手法であるが、左隅から半円を描くように組まれているのが、この庭園の石組の大きな特徴である。波が寄せてくるような感じに見えるのも特徴の一つ。石質は紀州の緑泥片岩を中心としたもので、このあたりにも当時の権力の力が窺え、円通寺庭園の成り立ちや歴史を物語るものといってよい。

庭園中央から北側にかけての石組。

全庭の杉苔

○……現在は全庭が杉苔で覆われているが、もともとは白川砂であったかもしれない。また東北角にある紅葉などは、かなりの老木になってきていることから、地中の根によって立石の傾きなどに変化が出ないよう注意が必要である。これだけの面積の庭園を維持管理するのは並大抵のことではないが、十全の手入れを願いたい。一つ要望したいのは、

円通寺庭園全景。

刈込みなどは年々大きくなることを念頭において手入れをしていただきたいということである。石組と出しゃばり過ぎない刈り込みが調和することで、庭園意匠がよりいっそう素晴らしいものとなるのだから。刈込みはあくまでも根締め程度と考えていた方がよいであろう。

永遠の美

○……閑静な地であった岩倉も近年はすっかり住宅化された。こうした周辺環境の寺院の問題点として、付近の道路建設や都市開発が挙げられる。比叡山の方向へ向かっての景観や静寂さも、高層ビルなどが建つことによっていずれ損なわれてしまうかも知れないが、そのような状況になったとしても、なおこの庭園のもつ美しさは永遠に破壊されることはないのである。

【円通寺庭園平面図】

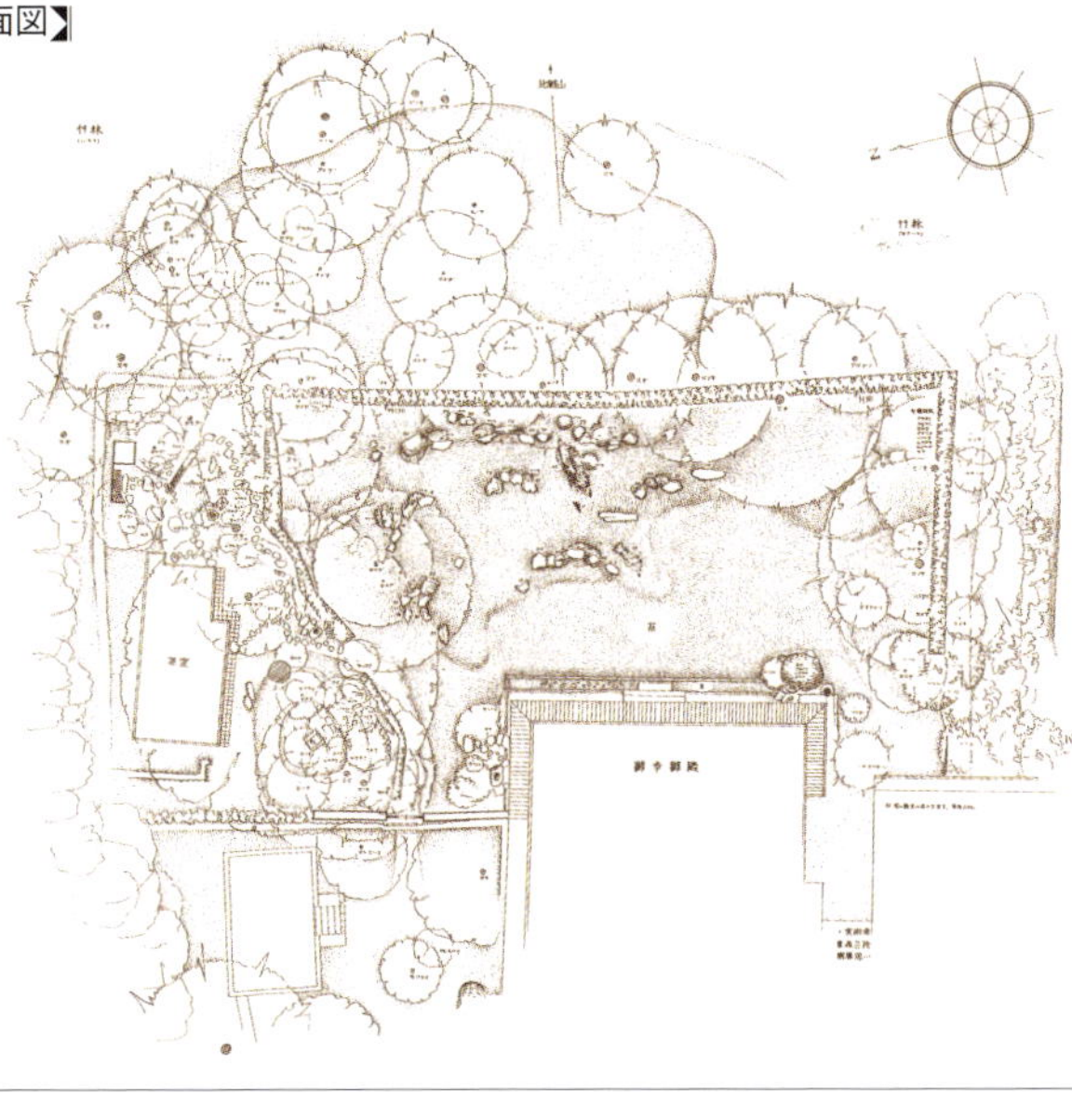

【平庭式枯山水庭園】

東海庵

◆作庭……江戸時代末期

宗　派：臨済宗妙心寺派
所在地：京都市右京区花園妙心寺町六一
面　積：西庭約一八五㎡　中庭約四一二五㎡

【アクセス】ＪＲ嵯峨野線・花園駅下車、徒歩10分、京福電鉄北野線・妙心寺前下車すぐ●拝観／特別公開時のみ●問合せ／電話075（461）6857（花園会館）

沿革

〇……東海庵《とうかいあん》は文明十六年（一四八四）年に悟渓宗頓《ごけいそうとん》禅師を開祖として創立された妙心寺の塔頭である。本庭はそれから後の文化十一年（一八一四）四月に東睦《とうぼく》和尚によって作庭された。本庵所蔵の自刻の木版画である『花園東海庵書院仮山図』に「紀州海蔵寺東睦法命之造　東海一連庭」とあり、また東睦和尚の自筆である『百庭図』には「此図八文化戊四月於京都花園東睦庵書院造之庭也」とあり、自筆の設計図及び作庭年代が記されている。本書でもたびたび触れているが、作庭年代及び作者がはっきりしている庭園は非常に数が少なく、本庵のような例は大変珍しいといえる。

東睦和尚

〇……東睦和尚の生年は不詳。有髪で異形の僧であったらしい。豊後杵築《ぶんごきつき》にある養徳寺にいた頃、江戸の作庭書『夢想流治庭』の著作家で石《せき》龍《りゅう》という者が来寺した。その際、石龍から作庭法を伝授され、自ら『築山染指録』を著したのである。その後、東睦和尚は寛政九年（一七九七）から文化元年（一八〇四）まで妙心寺桂春院に住し、文化十年まで妙心寺派の紀州田辺の海蔵寺に、そして文化十一年に妙心寺に再び舞い戻り、東海庵の作庭を行った。海蔵寺にいた文化七年に天授庵《てんじゅあん》を建立したが、途中、自らの位牌を造って示寂したことにし、東海庵の作庭に従事したようである。理由は定かでない

古式の無の空間。方丈南庭。

書院西庭。不動石を中心とした枯滝形式の三尊石組。

が、自らの位牌を作ってまで本庵の作庭に従事したのは、生まれ変わって新たな気持ちで作庭したということで、和尚自ら全力を傾けて作庭にあたったにちがいない。

三尊石組

○……本庭は三つの意匠からなり、方丈前庭は白川砂だけの無の空間である。これは禅宗寺院方丈前庭の古式の形式であり、まことに気が引き締まる思いがする。東睦和尚自らの設計による庭園は、書院西庭（約一八二㎡）と、中庭の枯山水（四一㎡）である。西庭は南北に細長く、中央に三尊石組《さんぞんいわぐみ》を中心にした意匠であり、三尊石にはそれぞれ名前が付いている。中央の立石が不動石、その左側が日天石《にってんせき》、右側が月天石《がってんせき》である。さらに三尊石の中央に低く据えられた石は白雲石《はくうんせき》である。白雲石のさらに書院側のところに、低く小さな石が据えられているが、これが水分石となり、この三尊石組が枯滝構成になっているのがわかる。中心となる三尊から左右に連続した石組となって、それぞれに名前が付いている。日天石の左側から龍門石と名付けられた石を中心とした三尊で、左が影向石《ようごうせき》、右側が波切石《なみきりいし》。また中心三尊の右側には、蓬莱《ほうらい》、方丈《ほうじょう》、瀛洲《えいじゅう》の三神《しん》仙《せん》島を表し、その中央に平たく大きな石があるが、これが礼拝石《らいはいせき》となる。

茶庭の影響

○……このように西庭の石組には名前が付けられているが、それぞれ古式の石組手法に比べると明らかに省略手法で表現されているのがわかる。作庭された年代を物語っているといえ

一木一草のない中庭。西側からの眺め。

中庭。東側からの眺め。

るであろう。またこの西庭には、江戸末期らしく二つの縁先手水鉢と燈籠、書院から降りて歩いて行ける飛石なども設置されており、茶庭の形態がこのような蓬莱神仙を主題とした庭園内にも定着したといえる。

壺庭

○……南庭の壺庭は有名で、七石をもって七五三の縮小意匠とし、一木一草とてない枯山水庭園である。七五三石組に関しては、本書でも取り上げた大徳寺真珠庵庭園や、それよりもさらに抽象化された龍安寺庭園があるが、本庵の南庭における七五三はさらにそれらの意匠を超越した形態となっている。一直線に配された石は、中央の小さな石を中心に各々三尊の形態となっている。そしてその中心となる石から、まるで回転しているかのような様相で配されている。江戸末期における石組構成として、これほどまでに動きのある意匠も珍しい。また一石が必ず見えない手法も、龍安寺の石組にも合致する。東睦和尚の石組に対しての感覚が大変優れていた証である。普段は非公開の本庵であるが、もし特別公開などで拝観できる機会があれば、是非ともそれぞれの空間において無言の語らいをしていただきたい。

【東海庵庭園平面図】

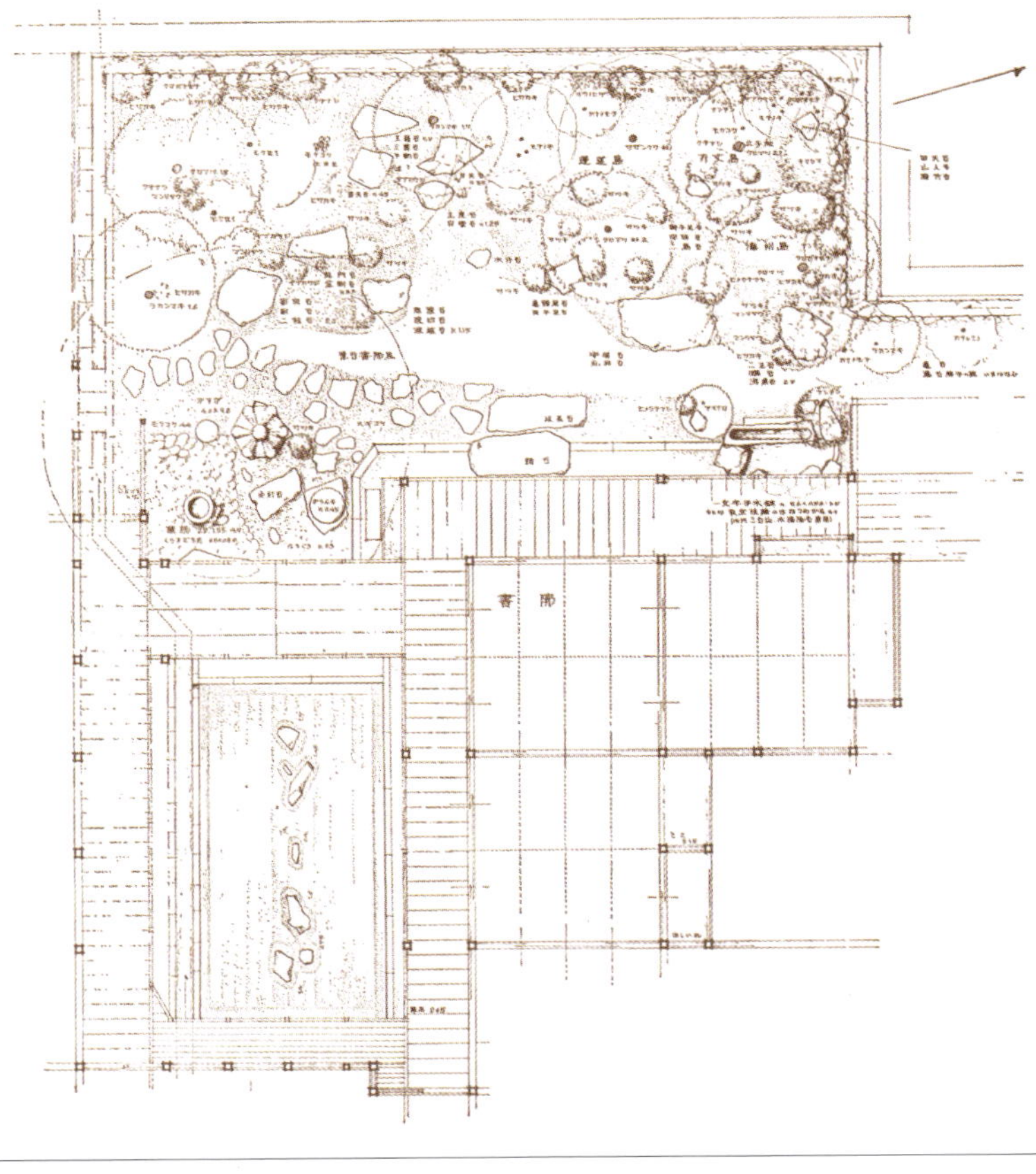

【池泉流水鑑賞式、廻遊式】

無鄰菴

◆作庭……明治時代

所在地：京都市左京区草川町三一
管理者：京都市
旧所有者：山県有朋（昭和十五年京都市の所有となる）
面積：約三一三〇㎡
【アクセス】地下鉄東西線・蹴上駅か市バス・神宮道下車、徒歩約10分●拝観／9：00～17：00●拝観料／400円●問合せ／電話075（771）3909

沿革

○……本庭は山県有朋《やまがたありとも》の別荘として営まれたものである。有朋は山口県吉田の里に草庵を営み、これを無鄰菴《むりんあん》と称していた。その後、明治二十四年（一八九一）山県内閣総辞職の後、京都に閑居し、鴨川の二条河原町付近にあった角倉了以《すみのくらりょうい》の旧宅址に住んでいた。そこも無鄰菴と名乗っていたが、有朋自身はこの地をきらい、明治二十七年に現在地を求め、三度目の無鄰菴として作庭に取りかかった。本格的な作庭は翌々年の明治二十九年春からで、有朋自身の指導の下、第七代小川治兵衛（以後植治《うえじ》）の施工によって完成された。

植治の意匠

○……植治はこの南禅寺界隈で、政界や財界の大物の別荘の庭園を多く手がけている。そのいずれもが背景の東山を借景にし、豊富な水量を持った疎水を積極的に利用したことが大きな特徴である。野村碧雲荘《へきうんそう》、對龍山荘《たいりゅうさんそう》、細川別邸、龍村織寶館《たつむらしょくほうかん》などが有名で、いずれの庭園も手法的には似ているが、その走りとなったのがこの無鄰菴である。

東山を借景

○……本庭は、植治らしい様々な特色を持った庭園であるが、鑑賞の重要なポイントは以下のような点である。この地は、敷地が疎水に面した三角形の変形した土地であるため、周

植治らしい作風である壺庭の眺め。

書院から望む東山を借景とした庭園。

囲に樹木を植えることによって、変形した土地であることを全く感じさせないようにしている。また、その樹木の間から後方の東山を望むようにすることで、東山とこの庭園を同化させることに成功している。背後を借景とする手法は江戸中期以降盛んに用いられたが、無鄰菴は借景の取り入れ方が非常によくできた庭園の一つである。作庭されてから既に百年以上経つが、いまだに作庭当初の後方景色が保たれていることは、この地が恵まれた環境であることを物語っている。

三段の滝

○……北から南に向かっての敷地の傾斜を巧みに利用したことも、この庭園が成功した要因の一つである。また、疎水の豊富な水を使用したことも忘れてはならない。上部と建物のある部分とで二段の構成とし、最も奥に三段の滝（醍醐三宝院にある滝の写し）を作り、そこから短い流れを伴って池になる。それらは川の上流部にある渓流を思わせるたたずまいを見せながら、池の部分も流れの部分も極端に浅くすることによって、なだらかな流れと軽快な感じを出すことに成功している。このような手法は以前の作庭方法にはなく、植治の技法上の巧みを見せてくれる。

書院前瀬落し。水音の効果まで考えられている。

西洋の手法

○……池のあたりの護岸などに日本庭園の様式手法がよく見られるが、逆にその周りは芝生にするなど、明治以降に流入してきた西洋庭園の手法も積極的に取り入れている。これらの手法には、山県有朋の影響がかなりあったのではないかと推測される。また、芝生の広場を取り入れることによって、開放感を与えると同時に、園遊会などのためのスペースとしても使えるといった二面性を持たせている。単なる観賞・廻遊式庭園にとどまらない、庭園の活用性を積極的に追求した点も見逃せない。

草庵式の茶室

○……書院横の流れを挟んで、対岸に草庵式の茶室がある。そこに月見台のようなものがあり、そこから庭園全体を眺める際にも、この芝生の空間は庭園を広く大きく見せる効果を十分に発揮している。この芝生の空間が何重にも効果を持っていることがわかる。以前は樹木が生い茂り、借景も見にくくなっていたが、近年かなり整備された。ただし、滝口のあたりにある樹木に、石組に影響を及ぼしそうなものがあること、また護岸のそばにある樹木などは、護岸の石組を傷めるだけでなく、流れや池の漏水問題などにも多大なる影響を及ぼすので、早急な改善が必要である。また、モミジなどの極端に垂れ下がった下枝は、庭園鑑賞の際に邪魔になることがあるので改善を望みたい。今のところ樹木の茂り方もよい状態で、このような姿が今後も保たれていくことを望む。

庭園奥部、上流部分から大河になるところ。
植治らしい小石を散在した手法。

庭園最奥部の三段の滝石組。三宝院の滝石組を模範に作られたもの。

【無鄰菴庭園平面図】

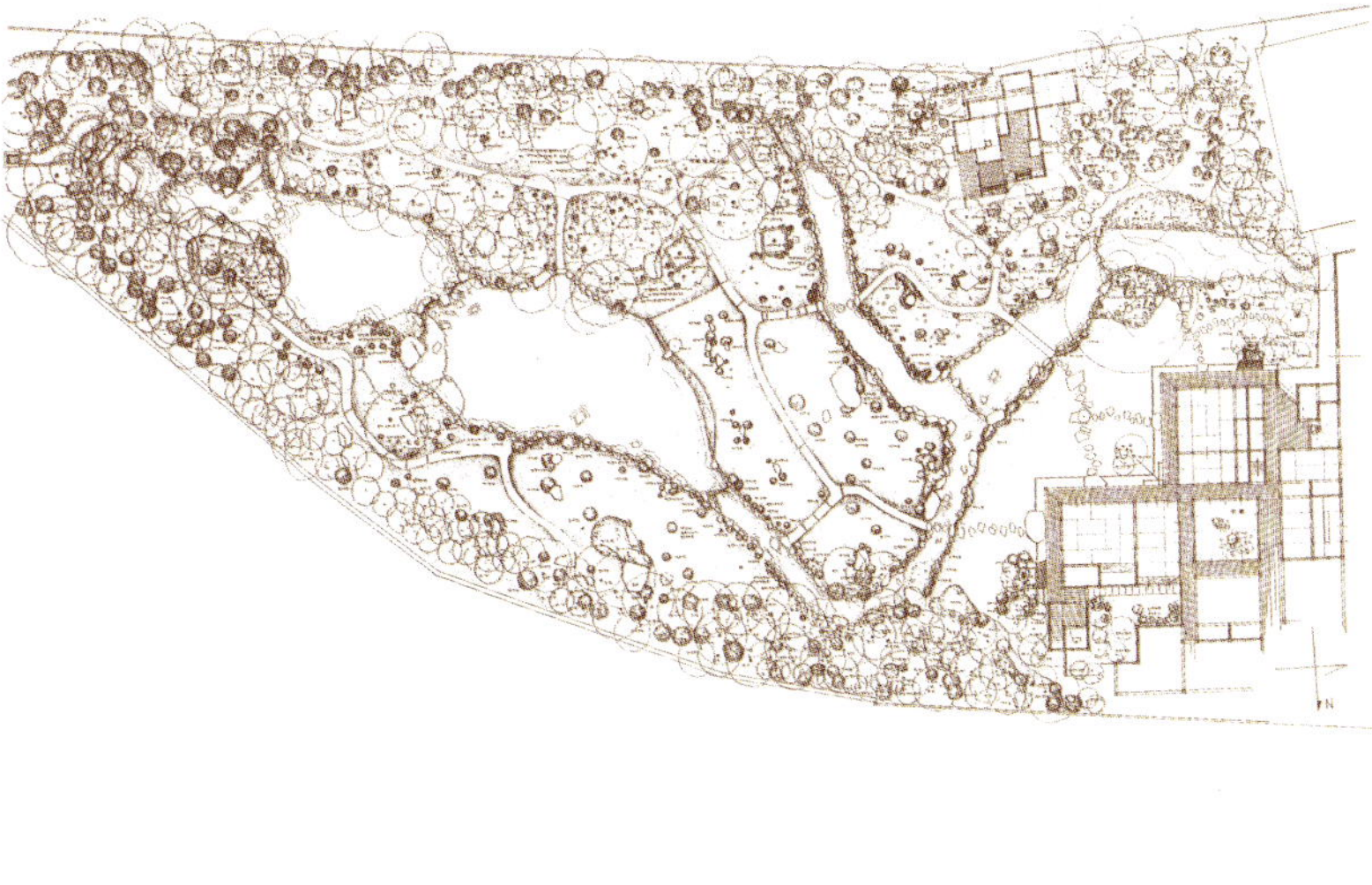

【枯山水】

東福寺本坊

◆作庭……昭和14年

宗　派：臨済宗東福寺派大本山
庭園名：八相の庭
所在地：京都市東山区本町十五丁目七七八
管理者：東福寺
面　積：約九七四㎡

【アクセス】JR、京阪の東福寺駅下車、徒歩10分●拝観／9：00～16：00●拝観料／400円●問合せ／電話075（561）0087

沿　革

○……東福寺《とうふくじ》は慧日山《けいじつざん》と号し、京都五山の一つ。重森三《み》玲《れい》が日本全国の古庭園実測調査（昭和十一～十三年）を終えた直後の作品で、昭和十三年に依頼を受け、翌年、設計及び作庭に着手し、およそ四ヶ月間半で完成した。重森三玲にとって、公に目の触れる寺社庭園の事実上のデビュー作といってよい。

八相の庭

○……方丈を囲む東西南北に意匠を施した。東庭の北斗七星。南庭の各石組は四島の神仙島。築山を五山とし、神仙島と築山を足して九山《くせん》とし、白川砂部分を八海《はっかい》として、南庭全体を仏教の宇宙観たる九山八海《くせんはっかい》「須弥山《しゅみせん》」と表現した。さらに西と北は一体化された市松模様とし、この八つの意匠を釈迦の入滅の過程である「釈迦八相成道《しゃかはっそうじょうどう》」に見立て、八相の庭と名付けられた。

市松模様

○……南庭の豪快な石組は、一見、鎌倉時代風の石組であるが、蓬莱、瀛州、壺梁の各神仙島にある長さ六メートルに及ぶ横に寝かせた石などは古庭園にない手法で、新たな意匠へ挑戦しようとする三玲の意欲を窺い知ることができる。北庭の市松模様は、勅使門内に使用されていた切石を再利用しなくてはならないことからデザインされた。一九〇〇年代初頭に活躍した画家モンドリアンのデザ

渡り廊下から見た南庭左側（東）の蓬莱、瀛洲の石組。

南庭神仙島の石組。それまでの石組の概念を超越した斬新な手法。

南庭神仙島壺梁の石組。長い横石は従来の古庭園にはなかった手法。

インに似ているとの評価があるが、当時、三玲はモンドリアンの作品を見ていない。桂離宮の書院や修学院離宮などにある、日本文化としての市松模様の斬新さに惹かれた発案である。西洋絵画からの影響があったとすれば、カンディンスキーの絵に描かれた市松模様からヒントを得た可能性はある。北庭市松の全体的な配置などにも絵画の影響は色濃く出ている。

ぼかしの手法

◯……東側や北側の奥へ行くに従って切石がぼかすような配置になっており、このあたりも庭園意匠の中に絵画の手法を盛り込んだといえるであろう。これらのぼかしの手法は、西庭の市松にも応用されている。しかし近年、三玲の意匠とはまったく関係のない苔地模様がなされており、革新的な手法が隠されてしまっているのは残念である。東庭の北斗七星のデザインも、日本庭園内に持ち込まれたのは初めて。現在では、高松塚古墳などの古墳内障壁画に、四神相応《しじんそうおう》や星座などが描かれていることがわかってきたが、三玲の作庭した昭和十四年にはまだそれらの障壁画は発見されていなかった。

他芸術に影響

◯……本庭は作庭当時、作庭家や茶人など日本文化継承者から「伝統ある東福寺の本坊に西洋庭園を持ち込んだ」と批判された。批判の眼目は北庭の市松模様に対してであったが、市松が日本の伝統的な意匠であることなどすっかり忘れてしまっているのである。逆に、洋画家、彫刻家などの西洋芸術に従事する者や、日本画家からは高い評価を受けた。現在では、他のジャンルで活躍する人たち、さらに海外においても大きな影響力を持つ作品として捉えられている。こうしたことを踏まえれば、西庭の苔地模様のような意匠の勝手な変更を肯うことはできない。ぜひとも旧来の状態に修復してもらいたいものである。

東司《とうす》の礎石を廃物利用し、北斗七星を表現した東庭。

北庭の切石と杉苔による市松模様。

【東福寺方丈庭園平面図】

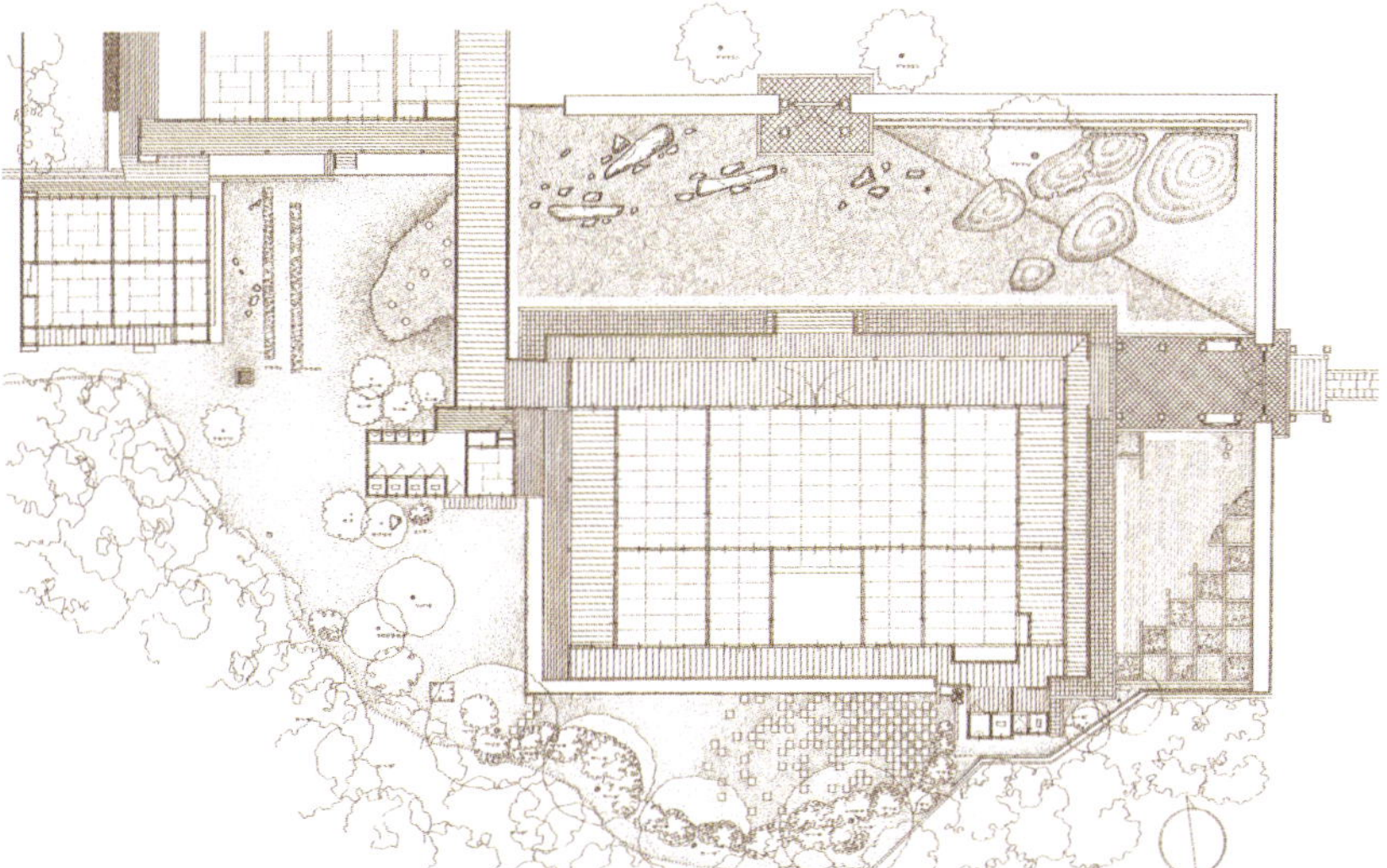

第2章
庭園鑑賞のために

1 日本庭園の様式

日本庭園の様式には様々な分け方がありますが、以下に示すような分類方法が最もわかりやすく、また、地割《じわり》などとの比較の際に最も当てはめやすいのではないかと思われます。もちろんこれ以外にもさらに細分化していくことは可能ですし、特に専門的な庭園史の研究には当然必要ですが、本書では便宜的に大きく以下の三つに分類しておきます。

・**池泉《ちせん》庭園**……池庭《いけにわ》のことで、庭園のはじまりはこの池庭を中心とした形態です。もちろんその規模も大小様々ありますが、細分化していくと後述するような形式に分けることができます。

・**枯山水《かれさんすい》庭園**……室町後期からの禅院を中心として作庭された後期式枯山水庭園を指します。『作庭記《さくていき》』などに書かれている前期式枯山水庭園（古式枯山水）は、ここには含みません。

・**茶庭《ちゃにわ》（露地《ろじ》）**……桃山期から江戸期に確立された茶湯《ちゃのゆ》の成立にともない、その時代に活躍した茶人によって考案されました。茶事に使用することから、用と美を追究した庭園であること、また燈籠《とうろう》や手水鉢《ちょうずばち》が庭園内に持ち込まれるようになったのもこの形式の庭園の特徴です。

これらの三つの形式をそれぞれ、庭の使用法、敷地などの立地、池の中にある島の数、などによる違いによってさらに細分化して分類すると、次のようになります。

一　池泉庭園

A　使用法による分類

（1）池泉舟遊式…鹿苑寺（京都市／舟遊、廻遊、観賞式・鎌倉時代）、修学院離宮 上御茶屋《かみのおちゃや》（京都市／舟遊、廻遊式・江戸時代初期）

池を舟で廻遊《かいゆう》したりする形態の庭。鹿苑寺は、舟遊《しゅうゆう》だけではなく、歩行による廻遊と金閣からの鑑賞なども兼ね備えた庭園ですが、舟遊式の代表格として挙げられます。

（2）池泉廻遊式…西芳寺（京都市／廻遊が主、舟遊・鎌倉時代）、徳島城庭園（徳島県・桃山時代）、桂離宮（京都市・江戸時代初期）

これは池の周りを歩きながら廻遊する方式です。これも廻遊のみでなく、舟遊や観賞式もあてはまる場合が多いのですが、西芳寺などは廻遊式の代表格といえます。

（3）池泉観賞式…平城宮東院（奈良県・奈良時代）、慈照寺（京都市・室町時代）

これは建物からの観賞を第一にして作庭された池庭のことです。平城宮東院は池泉観賞式の初期形態の庭園です。一九六七年に発掘調査され、七〇年代に三回、九三年度以降から池・建物などの復元整備事業に着手し、九七年度末に東南隅部を除いて竣工し、当時の姿を復元しています。また蓮華寺も書院から鑑賞する形式で、池中に亀島《かめじま》を一島配しています。

（4）流水観賞式…平城京左京三条二坊之宮（奈良県・奈良時代）、無鄰菴（京都市・明治時代）

流れを中心とした庭園で、水を使った形式の庭園としては池庭ほど数が多くありません。平城京左京三条二坊之

鹿苑寺、蓬莱島。

宮跡庭園は、奈良期に流行した曲水《きょくすい》式の庭園遺構《いこう》で、一九七五年、七七年、七九年に、七度にわたって発掘され、その後、復元整備されました。曲水庭園は、これ以降、平安期の遣水《やりみず》の庭となり中世以降はあまり作庭されませんでしたが、桃山時代末頃になって再び作られるようになりました。この流水観賞式庭園は、全庭流れによって構成されているものを指し、池泉に注ぐような形式の庭園は含みません。

B　敷地による分類

ここでの区分けは、敷地などの差異によって作庭された池庭の分類方法です。平地に作られたもの、高低差を利用したもの、背後の山を利用したもの、などに分けられます。

（1）平地式…毛越寺《もうつうじ》（岩手県・平安時代）、平等院（京都府宇治市・平安時代）

全くの平地に作られた池泉庭園。築山《つきやま》とよべるようなものがほとんどない池庭のことを指します。古い時代の池庭に多く見られます。

（2）準平地式…旧秀隣寺（滋賀県・室町時代）、摩訶耶寺《まかやじ》（静岡県・室町時代？）、二条城二の丸（京都市・桃山時代）、醍醐寺三宝院（京都市・桃山時代）

平地で、池などを掘削した際に出た残土を利用して、築山などを拵えた池庭などのことを指します。この形式は多数あり、ここに挙げた例はごく一部です。また平地式との区別がつきにくいこともあり、明確な形態差をつけることは困難です。

（3）山畔利用式…常栄寺（山口県・室町時代）、医光寺《いこうじ》（島根県・室町時代）、根来寺《ねごろじ》（和歌山県）、天龍寺（京都市・鎌倉時代）、朝倉家湯殿跡（福井県・桃山時代）、朝倉家諏訪館跡《すわのやかたあと》（福井県・桃山時代）

背後にある山を利用した池庭。その山に石組や植栽を施すことが多く、また山からの湧き水を利用して、高低差のある滝を作ることもあります。この形式の池庭も多数あり、ここに挙げた例はごく一部です。

（4）山畔築山式…智積院《ちしゃくいん》（京都市、江戸時代初期）、北畠神社（三重県・室町時代）

背後の山を築山に見立てて作庭された池庭。

流水鑑賞式、無鄰菴の流れ。

山畔利用式と異なるところは、背後の斜面や山を人工的な築山として見立てるかどうかの違いです。

C　島の数による分類

池庭の場合、中島を作る場合が多く、中島の数によって分類することもできます。この場合の中島は岩島（石組《いわぐみ》によって作られたもの）や出島（半島）は数に含めません。ただし、島の数も創建当初と異なり、島がなくなってしまったり、また出島に変化してしまったり、という問題があるため一概にはいえません。

（1）一島式…摩訶耶寺（静岡県・鎌倉～室町時代）、国分寺（徳島県・桃山時代）、朝倉家湯殿跡（福井県・桃山時代）

一島式庭園は池泉観賞式に多い形態で、右記の庭園などが代表例です。

（2）二島式…深田邸（鳥取県・江戸時代初期）、旧秀隣寺（滋賀県・室町時代）、根来寺（和歌山県・江戸時代初期）、圓徳院（京都市・桃山時代）

一島式とほぼ同様に、面積的にはあまり大きくない庭園に実例が多いことから、やはり観賞式に多い形式といえるでしょう。

（3）多島式…縮景園（広島県・桃山時代）、二条城二の丸（京都市・桃山時代）、醍醐寺三宝院（京都市・桃山時代）

三宝院の多島式の景。

三島以上の中島を配したものを指します。面積の広い池泉庭園に例が多く、舟遊式の庭園に多く見られます。ここに挙げた例はごく一部です。

(4) 無島式…東光寺（山梨県・鎌倉時代）、旧亀石坊（福岡県・室町時代）、朝倉氏諏訪之館跡（福井県・桃山時代）

島を作る余裕がないような、比較的小規模の池泉庭園に多く見られます。もちろん小規模でもそのすべてが無島式というわけではありません。また江戸時代には、中島に変えて出島形式にした庭園などが多く見られますが、これは時代の流れによる意匠上の変化と捉えてよいでしょう。

無島式の朝倉家諏訪館跡

二 枯山水庭園

主に室町時代後期に禅宗寺院を中心に作られた、水を一切使用せずに山水表現をした庭園（後期式枯山水）の様式上の分類について述べます。形態としては、やはり池泉庭園の蓬莱神《ほうらいしん》仙《せん》や宗教観などの表現方法を引き継いでいます。作庭思想は池泉庭園と似通っていますが、作庭規模の縮小や禅宗における宗教観の影響などによって、現在のような形態が作られるに至りました（詳しくは後述の「枯山水」の項を参照）。

a 平庭式枯山水庭園…龍安寺（京都市・室町時代）、南禅寺本坊（京都市・江戸時代初期）、東福寺本坊（京都市・昭和時代）、正伝寺（京都市・江戸時代初期）、円通寺（京都市・江戸時代初期）、大徳寺本坊（京都市・江戸時代初期）、大徳寺真珠庵（京都市・室町時代）、大徳寺龍源院（京都市・室町時代）、妙心寺東海庵（京都市・江戸時代末期）

枯山水庭園の分類は、ほぼ池庭と同様ですが、平庭式の形態は数多くあり、また枯山水庭園独特の抽象的な表現方法が加味されたことが相違点といえるでしょう。特に龍安寺は、作庭年代や意匠上の意図などが文献に残っていないことから様々な憶測がありますが、枯山水庭園独特の抽象表現として興味が尽きません。また平面構成のみであることから、石組における立体造形美が強調されるのも特色としてあげられます。

b　準平庭式枯山水…南禅寺金地院（京都市・江戸時代初期）、酬恩庵（京都府・江戸時代初期）、芬陀院《ふんだいん》（京都市・伝室町時代）

この形式は、上記の全く起伏のない平庭式に島を作ったり、野筋《のすじ》的な土盛りなどを作ったりした際に分類される形式です。また枯滝《かれたき》などを組んだものもこれに含めて良いでしょう。

c　枯池式枯山水

池の形態を取りながら水を使用しない枯池式にしたもので、以下のような分類ができます。ただしもともと水を入れていた池泉庭園の水が涸れてしまった場合は、池泉庭園（涸池）と称します。

平庭式枯山水の代表格である龍安寺。

準平庭式枯山水、金地院の鶴島。

(1) 象徴式枯池…西本願寺対面所（京都市・桃山〜江戸時代初期）、妙心寺退蔵院（京都市・室町時代）、松尾神社（滋賀県・桃山時代）、曼殊院《まんしゅいん》（京都市・江戸時代初期）

この形式は、準平庭式の形態からさらに一歩進めたもので、中島や枯池周囲の築山など、一部に池泉表現のある庭園のことを指します。池泉式枯池との区別は、明確な池庭の枯池か否かによって分けられます。

(2) 池泉式枯池…青岸寺（滋賀県・江戸時代初期）、徳島城（徳島県・桃山時代）、楽々園（滋賀県・江戸時代初期）

象徴式とは異なり、ほぼ池泉庭園と同様の形態をもったものを指します。中島、石橋、滝石組を配し、護岸の石組などが施されているものもあります。右記の三つの庭園は、その中でも特に代表的な庭園です。

d 枯流式枯山水…大仙院（京都市・室町時代）、南宗寺（大阪府堺市・江戸時代初期）

池ではなく、流れを表現した庭園。あまり例はありませんが、右記の二庭は特に有名です。

象徴式枯池の退蔵院、橋石のかかる景。

枯流式枯山水の大仙院。

大仙院庭園は、建物に接近した構成で、枯流式でありながら準平庭の形態であり、特に枯滝周辺の地盤を上げて、堰以降の流れと明確な段差をつけているところが特色です。

e　築山式枯山水

ここで取り上げる形式は、先に取り上げたものとかなり重なっているところがありますが、意匠上の差違という点からこのように分類します。築山式枯山水庭園はもっとも実例の多いもので、各地に作庭されたものが残されています。先に挙げた準平庭式との違いは、中島などがあっても、あくまでも築山中心とした構成になっていることで、このような構成は、江戸時代になって増えてきた形態です。これらの庭園をさらに分類すると次のような形式に分けられます。

(1)　築山平庭結合式…勧持院（京都市・桃山時代）、光清寺（京都市・現代）

この形式は、先に挙げた平庭式の枯山水とは異なり、平庭部分と築山部分とが一体化した構成になっています。

(2)　築山枯池結合式…楽々園（滋賀県・江戸時代初期）、東福寺光明院（京都市・現代）、福田寺（滋賀県・江戸時代初期）

この形式も枯池式と重なる部分がありますが、中でも明確に築山形式として捉えることができる庭園なので、ここに例として挙げます。

f　特殊形式…粉河寺《こかわでら》（和歌山県・桃山時代）

この形式の枯山水庭園はあまり例がありません。その中でも特に粉河寺の形式は、まさにこ

特殊形式の代表例、粉河寺。

の特殊形式の筆頭格といえます。いままで述べてきた形式の一部を使用しながら、それらのどの形式にも属しきれないのがこの形式の特徴です。粉河寺の場合、築山式のような形式でありながら、本来なら石垣とするべき段差のある地に石組が作られています。土留《どどめ》と庭園の石組とを合体させた、まさに実用と美を兼ね備えた庭園であるといえます。

三　茶庭（露地）

桃山～江戸時代に発展した茶湯《ちゃのゆ》の茶事をおこなうために作られた草庵の茶室や書院茶室に面したところに飛石《とびいし》などを打った、用と美を兼ね備えた外部空間が茶庭です。茶庭によって新しく導入考案された意匠には、

・燈籠《とうろう》を据えること
・石造品などを見立てた手水鉢《ちょうずばち》に、役石《やくいし》を付加した蹲踞《つくばい》形式
・侘びた山間風景を醸し出す自然志向の庭園形態
・従来の石組《いわぐみ》とは異なる捨石《すていし》手法

など、いままで蓬莱神仙や精神性を追求した造形とは異なった形態が特色です。

つまりここに、大陸の影響などから離れた日本独自の外部空間としての日本庭園ができあがったわけです。そしてそれまでの庭園の造形において追求された精神性は、用の面においての精神性を追求する空間にもなったわけです。

露地には大きく分けて以下の二つの形式があります。

（1）草庵式露地…表千家（京都市・江戸時代末期）、裏千家（京都市・江戸時代初期）、武者小路千家（京都市・江戸時代中期）・藪内家

(京都市・江戸初期)

華美な装飾を排除した、侘《わ》び本位の草庵の茶室に面した露地《ろじ》のこと。外部空間も建物と同様に華美を避け、山間の風情をもった庭園です。実のなる樹木や花の咲く樹木も植えず、樹木に関しても華美になることを避けているところが面白い点です。

(2) 書院式露地…孤篷庵(京都市・江戸時代初期)、居初氏天然図画亭《いぞめしてんねんずえてい》(滋賀県・江戸時代初期)

書院式の露地は、草庵式の露地と異なり、侘びの精神は同様ですが、茶席自体が広く、それに合わせて飛石なども大振りのものが使用されるなど、草庵式に比べると建物・外部空間ともに派手好みといえるでしょう。

この二つが露地の代表的な形式ですが、これらの形式が一般庶民の家の庭作りにも次第に影響を及ぼしてきました。

また茶庭は以下のように分類することもできます。

a　単立式露地…露地のみで独立

露地のみによって独立した空間のこと。主庭などと並んであるような場合でも、その露地だけ主庭とは異なる単独した空間である場合、単立式といいます。

b　付属式露地…何かに付属した露地

主庭の一部として露地がある場合。桂離宮の茶庭などはこの部類の代表例です。

以上、日本庭園の様式を分類してみましたが、さらに細分化することもできます。しかしそれは、煩雑化する危険性があり、分類することで逆にわかりにくくなってしまうという欠点があります。上記のような分類方法が最もわかりやすく、また実際の庭で検証する場合も当てはめやすいのではないでしょうか。そしてこれらのことを一通り頭に入れて庭園を鑑賞すれば、庭園をよりよく理解できるでしょう。

孤篷庵、表門内延段。

2 枯山水庭園の成立

一般に枯山水庭園というと、石や砂などで水を象徴的に表現した禅宗寺院などの庭園を思い浮かべるかもしれませんが、それらは室町時代後期に確立した枯山水庭園です。そもそも枯山水の定義や枯山水庭園自体の登場は、室町時代後期よりさらに古くからあり、庭園内における枯山水表現や、また文献などに出てくる言葉自体は、すでに平安期から鎌倉期に出現しています。

最も古い文献としては『作庭記《さくていき》』が知られています。『作庭記』は平安時代後期に書かれたものなので、枯山水様式の概念は平安期に確立していたと考えられます。そのころの枯山水は、池庭のほとりにある築山部分などの石組や植栽部分を、水を使わずに自然表現したものです。

『作庭記』上巻の本文79行目から82行目にかけて、以下のような記述があります。

一池もなく遣水もなきところに石を立つる事
ありこれを枯山水となつくその枯山水の様は
片山のきし或野筋なとをつくりいて、
それにつきて石をたつるなり

これを現代語に訳すと、

一池や遣水から離れたところに石を立てることを枯山水という。
その様子は片山の岸、或いは野筋《のすじ》などを造り、
それに対して石を立てる方法である。

このように平安期において、池泉庭園の一部

（築山の上など）に水を使わずに自然の景を表現した作庭様式のことを枯山水といいました。つまり室町時代後期の全庭枯山水ではなく、池や遣水から少し離れたところの山水表現としての石組などを指して「枯山水」と表現したのです。この「枯山水」の訓みですが、いつから「かれさんすい」と読むようになったかは不明です。古式の言い方では「かれせんずい」と読みます。

　これらの平安期や鎌倉期における、『作庭記』の手法に沿った「枯山水」のことを「古式《こしき》枯山水」庭園、あるいは「前期式枯山水」といい、室町時代後期に確立した象徴的な山水表現のことを、区別する意味から「後期式枯山水」といいます。では、その前期式枯山水と後期式枯山水庭園への流れを追ってみましょう。

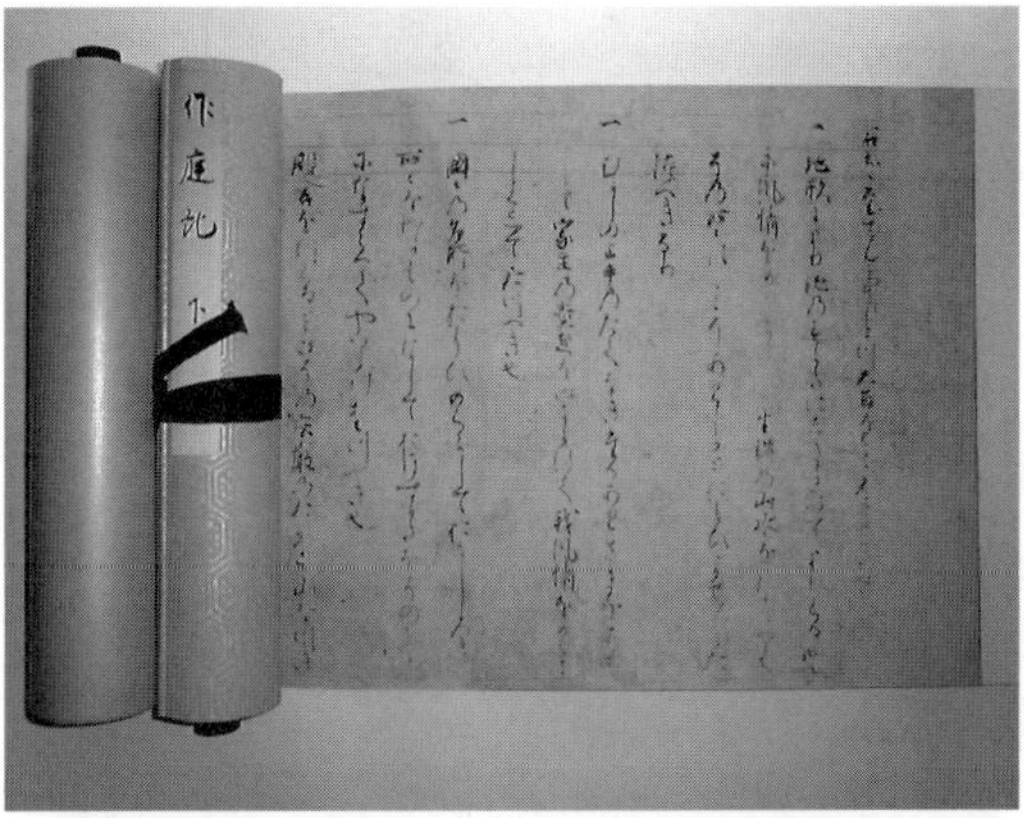
『作庭記』上下巻（復刻版）。

『作庭記』上下巻（復刻版）。

一　前期式枯山水

大陸からの文化が盛んに渡来するようになってから、政治上の基盤として飛鳥京や平城京などに代表される大きな都市が整備されるようになってきます。そこに様々な外部空間が構成され、その中に現在の庭園のはじまりとなる庭園が作られるようになってきました。それらの意匠は現在のところ、飛鳥京跡から発掘された「飛鳥京跡苑地遺構《えんちいこう》」や「酒船遺跡」、平城京跡から発掘された「左京一条三坊十五・十六坪庭園」、「平城宮東院」、「左京三条二坊六坪宮跡」などに見ることができます。

「飛鳥京跡苑地遺構」は日本庭園の始まりとされていますが、『作庭記』に書かれているような明確な枯山水表現はありません。しかし、奈良時代の平城京跡から発掘された庭園には、明らかに『作庭記』に書かれている記述と一致する技法が見られます。特に平城宮東院の「仮山《かさん》」は、明らかに『作庭記』でいう「枯山水」であるといえるでしょう。このように時代を追って、徐々に日本独自の庭園が形成されると同時に、後の枯山水庭園に結びつくような石組がなされるようになってきます。

ここでの初期形態の石組は、仏教思想や大陸の自然観を反映したもので、日本的な景色を模倣し庭園の一部に取り入れるといった意匠は、もう少し後の時代になってからです。このようなことが、『作庭記』に書かれた「枯山水」（前期式枯山水）の形式なのです。奈良・平安期の庭園における前期式枯山水の意匠の代表的な例としては、滋賀県園城寺閼伽井《おんじょうじあかい》付近にある石組遺構や、岩手県毛越寺《もうつうじ》にある築山周辺の石組遺構などがその典型例です。それらの形態は、池庭に造られた築山の上などに石を組んだりしたもので、まさに『作庭記』流の枯山水です。池の水際や遣水などの流れのそばでもない、水からは離れたところを選んで、石組などによっ

平城宮東院集団石組。

園城寺閼伽井付近にある石組遺構。

て自然の景を表現しています。形態的には非常に自然的で象徴的な表現方法でした。このことからも、今日、室町期の禅宗寺院などに残されている全庭枯山水庭園である後期式枯山水庭園とは大きく異なるのがおわかりでしょう。

二　後期式枯山水

先に記したように、現在一般的に枯山水庭園として呼称されている庭園は、禅宗寺院に室町時代後期以降に作られた庭園のことを指しますが、これらの枯山水庭園を「後期式枯山水」と呼んでいます。

ではこの後期式枯山水はどのようにして成立したのでしょうか。前期式枯山水の場合は、池や流れから少々離れたところに自然の表現方法の一環として作られましたが、仏教思想などの発展にともなって、それらが庭園にも大きな影響力を持つようになってきます。そしてその思想や文化の流れを取り入れた、従来型の表現方法とは異なる庭園が作庭されるようになってきます。その好例が、前期式枯山水の過渡期ともいえる京都西芳寺にある枯山水部分です。庭園全体は池泉が主であり、それと同一内の庭園であるため、形式的には前期式枯山水を継承していますが、枯滝石組や亀石組などの枯山水部分の細部は、まさに時代の流れとともに象徴的な手法に傾倒していく先駆けであることがわかります。

西芳寺庭園の枯滝石組前に立つと、まるで次から次へと段差を下ってくる水の流れを感じ取ることができるでしょう。無の中に有を見出すことのできる空間、まさに枯山水庭園の目指した抽象表現がここにあるといってよいでしょう。

そして、これらの庭園を起点として後期式枯

西芳寺庭園の枯滝石組。

山水は、従来の自然景観模倣の手法を取り入れながら、さらに超自然主義的な象徴的なものに対しての傾倒や、山水表現から離れた抽象表現方法を取り入れた庭園まで出現してきます。やはり宗教でも文化面でも、それなりの成熟段階へと突き進む過程であったことが、外部空間構成にも色濃く反映されているのです。

後期式枯山水庭園の形態上の特徴としては、従来の池泉庭園で作られた技法をより狭い空間に構成したこと、また今まで儀式を執り行うための空間として存在していた寺院南側の前庭部分に対しても、儀式自体が建築の発達とともに屋内に移行していったために、作庭が行われるようになったこと、作庭をするためのスペースが池泉庭園に比べると狭小であること、などが挙げられます。また禅宗の持つ精神性や大陸からの水墨画の影響など、様々な要因が重なって今日見られるような枯山水庭園が完成されたといってよいでしょう。

空間規模に応じて植栽は最小限にし、石という素材の持つ永遠不変性を高度に発達した石組技術によって理想の世界として表現し、今日においても色あせない類い稀な造形美を保つことに成功しました。とくに龍安寺庭園のような、山水表現とも、またそれ以外の宗教観や哲学観の表現ともいわれるような高度な抽象表現法を用いた庭園の出現が、後期式枯山水庭園の大きな変革点といってもよいでしょう。

また、禅院方丈建築の南庭においては、儀式空間に初めて意匠をすることから、万が一元に

南禅寺本坊前庭（江戸時代初期）。

戻さなくてはならない時でも即座に元通りにできるようなことも、当然のことながら含まれていたのではないでしょうか。時代が下って、桃山時代後期から江戸期にかけて作庭された禅宗方丈南庭においては、ようやく南庭での庭作りが定着したために、樹木も取り込んだ作庭方法になったと思われます。そして、江戸時代初期における南庭での作庭は、やはりもとの威厳を保つために、背後の一部の空間に押し込めるような形態にしたのではないでしょうか。

そうやって室町後期に京都を中心として広まっていった後期式枯山水は、様々な試行錯誤をしつつ着実に成熟していきました。しかしながら、高度な美的感覚で構成されてきた後期式枯山水庭園も、江戸中期以降になってからはだんだん形式化され、決まり事があるかのごとく扱われはじめたため、急速に創造性が失われてしまったことは否めません。これは江戸期になって完成した茶庭（露地）や、数多く出版された園芸書や作庭書の影響が大きいといえるでしょう。

茶庭的なものは、ある程度の約束・決まり事を守りながら、姿形の素晴らしい燈籠や手水鉢が重要であったこと、そしてそのような作庭を後押しするかのごとく、籬島軒《りとうけん》秋里《あきさと》の書いた『築山庭造伝《つきやまていぞうでん》　後編』（江戸時代末期の作庭書）の影響力は多大なものであったといえるでしょう。池泉であっても枯山水であっても、また本

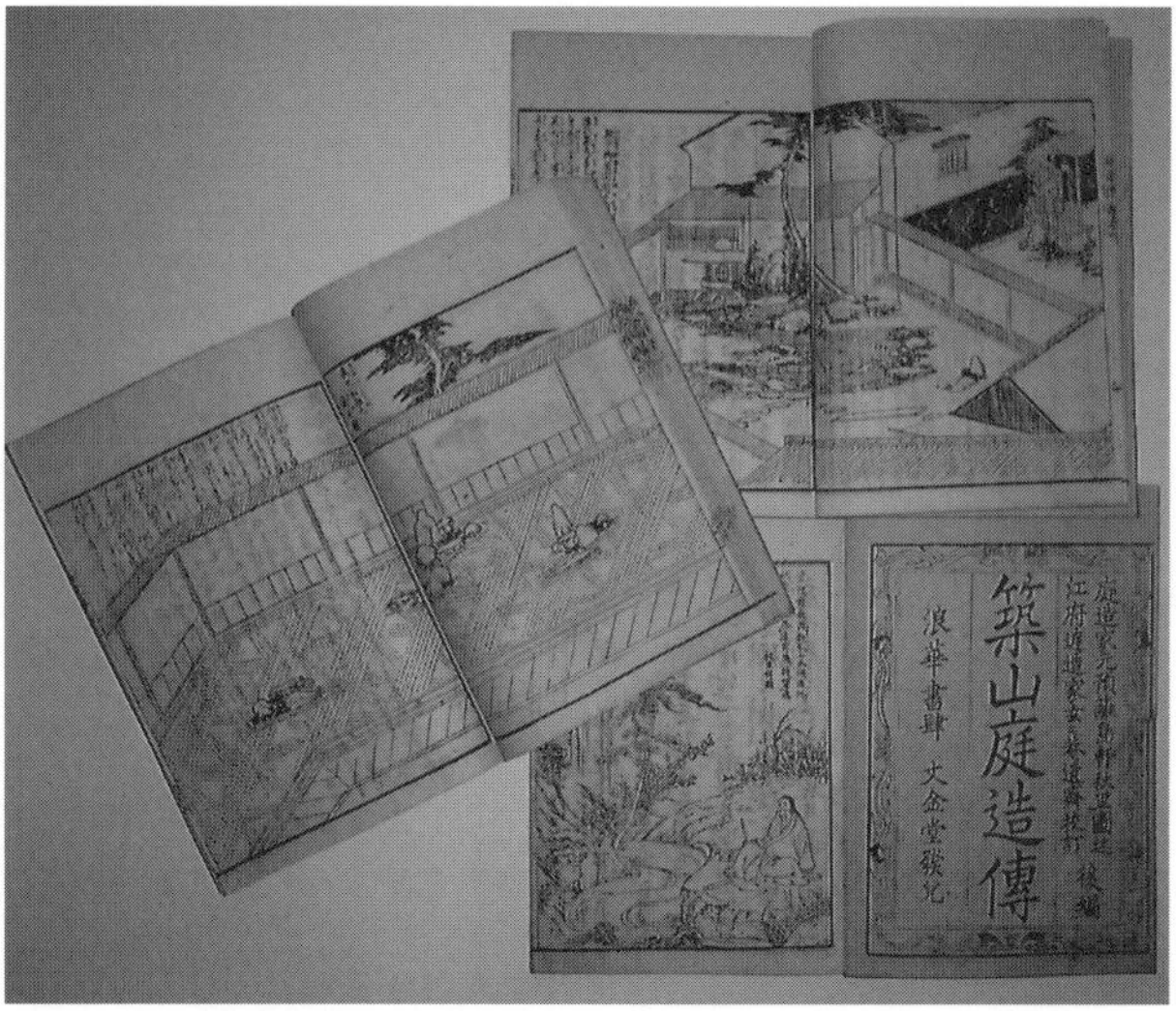

『築山庭造伝 後編』。

来は約束事があっても、やはり作庭者の創作性を問われた茶庭を、完全に形骸化してしまったことは大きな要因であるといえます。これらの江戸時代末期の作庭書は、現在に至るまで大きな影響力を及ぼしているといっても過言ではありません。

このように枯山水という概念自体は非常に古いものですが、最初期の段階では自然の景色を写し取りながら表現していくことを良しとしました。やがて、仏教美術・仏教文化が成熟してくると、それに応じて外部空間としての役割も変化していきました。そしてそれらの答えとして、非常に精神性の高い、また造形的にも非常に力強い日本独自の芸術性の高い外部空間が完成したのです。その精神性と造形美は、一時失われてしまいましたが、一九三〇年代から徐々に復活し始め、現代の激しい変化によく適応しながら、さらなる外部空間構成の手法として発展しているといって良いのではないでしょうか。

3 石組

日本庭園の構成を見ると、樹木などとともに必ず石が据えてあるのが目につきます。庭園を拝観をするときには樹木の四季の移ろいなどに目を奪われてしまいがちですが、石組《いわぐみ》は日本庭園にとって最大の構成美の一つであるといえるでしょう。

一 石組の種類

石の据え方には色々な方法があります。ただ単に石を転がしてあるわけではありません。石の据え方や庭園全体を作るための代表的な参考書に『作庭記』があります。これは平安時代に書かれた現存する最古の庭園書で（世界最古の庭園書でもあります）、古い時代の庭園は必ずといっていいほど『作庭記』の手法を踏襲しています。古い時代の庭園では、一つ一つの石を見せるのと同時に、集団で石を組むことによってその時代における宗教や思想、理想などを抽象的に表現しようとしたのです。

中国から伝えられた道教の思想によって、庭園に不老不死を願った蓬萊島《ほうらいとう》、亀島《かめじま》、鶴島《つるじま》などを表す石を組んでみたり、仏教思想による須《しゅ》弥山《みせん》を表現したりしました。しかも今から八〇〇～一二〇〇年も昔の平安時代や鎌倉時代に、自然の素材を使い、様々な抽象的な表現を加味しながら表現したわけですから、現在のように情報が過剰にあふれていない分、より純粋に石組に取り組むことができたのではないでしょうか。

しかし、これらの表現方法はそれぞれの時代の流れに沿ったものであり、現代の作庭家はそれらを単に模倣するのではなく、現代の思想や表現法によって作庭することが重要なのです。現在の人々が抱えている諸問題、戦争などによる人々の苦しみや悲しみに対する憤り、平和への願い、万物を慈しむ感情など、それまで絵画や彫刻の世界において表現されてきたことを石組によって表現することが重要なのです。自然石をもって一切の加工を否定し、石の持っている表情を最大に引き出すことを念頭において創作していかなくてはなりません。先人が千年以上に渡って一切の加工を否定しながら創造し、現在でも全く色褪せることのない表現方法を示してきたわけですから、その伝統を受け継ぎながら次代に提示できる作品を真摯に創造していくことが大事なのです。

二　七五三石組

石組の種類は様々であり一概にはいえませんが、やはり蓬莱神仙《しんせん》の世界を表現したものが代表格でしょう。蓬莱山そのものを表現した石組や、蓬莱、方丈、瀛洲《えいじゅう》などの神仙島、鶴・亀石組などがそうです。これらの石組の際に組む石の数は、三、五、七の奇数を中心としたものから、偶数の二、四、六、八と組む場合もあります。しかし、日本では古来から四や九は死、苦

龍源院庭園枯滝石組。

に通じるといって好まれなかったことからあまり例がありません。もっとも多いのは三、五、七で、これらを組み合わせた石組が「七五三石組」です。

七五三石組としては、大徳寺真珠庵庭園、龍安寺庭園などが有名です。

これらの石の組合せによって、荒々しいまでの山岳風景を表したり、時にはありふれた自然の風景を表現してみたり、また長寿を願って鶴や亀を抽象的に表現して意匠したりなど、様々な表現をしてきました。また蓬莱山に向かっていく舟石も石組として考えることができます。舟石とは一石によって舟をかたどった石のことですが、蓬莱石組などと対をなす石として考えれば、一石であっても石組として捉えることができます。

三　代表的な石組形態

石組のなかでも代表的なものを挙げてみます。これは石組のごく一部でしかないことをお断りしておきます。

(1) 蓬莱山

蓬莱石と、蓬莱島に組まれた蓬莱山を象徴する石組とに分けることができます。蓬莱石は京都南禅寺南禅院庭園（鎌倉時代）、滋賀県旧秀隣寺庭園（室町時代）、二条城二の丸庭園（桃山時代）などのほか多数の例があります。また蓬莱島の代表例としては、京都鹿苑寺庭園

真珠庵方丈東庭、七五三石組、七石組。

鹿苑寺、九山八海石と鶴島。

（鎌倉時代）、二条城二の丸庭園（桃山時代）などが有名です。

（2）鶴石組

鶴石組の特徴は大きな羽石を持っているところです。滋賀県旧秀隣寺庭園（室町時代）、大徳寺大仙院庭園（室町時代）、西本願寺対面所庭園（桃山〜江戸時代初期）などにある羽石《はねいし》がそうです。また南禅寺金地院（江戸初期）にある鶴石組は、鶴の長い首（鶴首石《かくしゅせき》）を象徴的に表現した石組構成となっており、時代による表現方法の違いが面白いです。

（3）亀石組

岩手県毛越寺庭園（平安時代）の池中にある亀島の石組（亀島ではないという説もある）が、現在残っている亀石組としては最古のものといわれています。また、滋賀県旧秀隣寺庭園（室町時代）にある亀島の石組は、室町期らしい抽象表現をいかんなく発揮した構成です。時代が下って桃山期から江戸期にかけての亀石組は、かなり具象的な方向に進むことになります。

旧秀隣寺、亀島石組。

旧秀隣寺、鶴島石組。

（4）神仙島

神仙《しんせん》島表現では、現代の作品ですが京都市東福寺本坊の庭を挙げておきます。特に蓬莱、瀛洲、壺梁の三神仙島においては、六メートルを越える長石を横に寝かせた手法が取られています。このような石組手法は古庭園には見られなかったもので、「現代の石組」というテーマを具現化したものといえるでしょう。

（5）舟石

蓬莱島に宝物を取りに出航し戻ってきた舟を象徴的に表したものです。最も古いものに西芳寺庭園にある夜泊《よどまり》石組があります。池に直線上二列に不規則に並んでいるもので、これから蓬莱島に向かうため、夜半に留まっている舟を抽象的に表現したものといわれています。夜泊石組に関しては庭園界でも昔から論争が続いていますが、ここでは見果てぬ夢を追い求めた表現であると取っておきます。

室町期に入ると具象的な表現方法で表されるようになります。代表的なのは大徳寺大仙院庭園にある舟石です。先に述べたように、これは一石だけでの表現ですが、蓬莱石組などと対をなすという考え方から、一石による石組という取り方ができます。

また舟石の形式には、入り舟形式と出舟形式とがあります。読んで字のごとくで、これから蓬莱山に向かって出航しようとしている舟を表現したものが出舟形式、その逆で蓬莱山から秘薬・財宝を載せて帰ってきた舟を入り舟形式といいます。出舟はまだ空荷状態であるため、喫水線を高くすることから高めに石を据えている

東福寺本坊南庭、神仙島石組。

大仙院庭園、渡り廊下横の舟石。

のが特徴です。古い庭においては大体において出舟形式のものが多く見られます。

四　茶庭（露地）の捨石

江戸時代に大きく発展した茶湯から生じた茶庭（露地）は、山間の自然な風情を追い求めました。そのために、人工的な風景でもある石組は茶庭にまったくそぐわないものとなってしまいました。

では、茶庭に用いられる石とはどのようなものでしょうか。

まず、侘びた山間にあるような石を選ぶことから始まります。鮮やかな色の石はなるべく避けます。なぜなら、石を組んで見せるわけではないし、また石を組むのは人為的なことになってしまうからです。したがって一石だけで鑑賞に堪えうる石を用います。しかも、なるべく苔むした石が好まれます。これらの手法を捨石《すていし》手法と呼びます。

この捨石手法は、従来の日本庭園における石組の概念を完全に飛び越えた、当時としては画期的な手法でした。そしてそれが多くの人に受け入れられたことから、こうした手法が大勢を占めることになります。明治期に活躍した第七代小川治兵衛はその先駆者であり、明治時代以降の自然風景的な庭園が大勢を占める牽引車となりました。それ以降、現在に至るまで、治兵

露地内の通路横にある捨石。

衛翁が確立した手法が、小手先を変えながらも本流は変わることなく流れてきているのです。

明治期以降は、それまでの抽象性をも含めた石組手法の注目度が極端に薄れていった時代です。しかし現在、日本庭園の石組は世界的に注目されています。古くから残る寺社の庭園にある豪快かつ繊細な石組構成こそ日本独自のものであり、またその巧みに強弱をつけた構成に多くの人が引きつけられています。とりわけ欧米の人々は、日本庭園の石組構成をモダニズムの象徴として、そしてそこに欧米にない神秘性を見出すのです。このような、自然石を加工することなく使用した大きな背景構成を持った石組を再認識し、知識を深めていくことは、日本文化の伝統を認識するという観点からも必要なのではないでしょうか。

4 石造品

桃山期以降の茶湯の発達にともなって、庭園内に石造品（燈籠や手水鉢）が持ち込まれるようになりました。それまでの石造品、例えば燈籠は社寺の献燈用として、御本尊が祭られた建物の正面に一基だけ据えるのが古式の方法でした。現在のように建物に対して左右に一基ずつ据えられる手法は桃山期以降のことです。

現在、左右に据えてある燈籠の一基が鎌倉期や室町期のものである場合、もう一基はたいてい桃山期や江戸期になって模倣して作られたものといえるでしょう。後世になって左右一基ずつにするために作られたそのような燈籠は、一見同じように拵えられていますが、細部を見ると作り方による時代の差異が窺えます。大体において時代が下がった分、技術も道具も発達しているはずですが、鎌倉・室町期の石造品のほうが一般に作りが丁寧であるといえます。

また手を洗ったり、口をゆすいだりする道具として使われた手水鉢などに見立てて使われているものは、五輪塔、宝篋印塔《ほうきょういんとう》、層塔、宝塔などの供養塔の一部、つまりそれらの笠、塔身、基礎などに水穴を掘ったものが使われています。もちろんこれらの燈籠や供養塔などは、原則的にはうち捨てられたものや、それ同然の扱いをされたものを使用したのです。いわばリサイクルです。

このように多種に及びます。本来の使われ方ではないところにそれを見出した先人の美的感覚の鋭さがあったといえるでしょう。

一 石燈籠

A 歴史

石燈籠が日本で最初にできたのは奈良時代といわれていますが、奈良、平安期の燈籠で現存しているものはほとんどなく、特に奈良期のものは笠や基礎などの一部しか残っていません。一部に欠けはあるものの、全体像をつかめるものとして最も古いのは平安期のもので、奈良の春日大社に残されている柚木《ゆのき》燈籠の笠、中台《ちゅうだい》、竿が平安期当初のままで残っています。残念ながら宝珠《ほうじゅ》、火袋《ひぶくろ》、基礎は後補で、他所で部分的に残されている姿から古式燈籠全体の姿を想像していくしかありません。

例えば基礎部分などは、奈良興福寺五重塔前にあった奈良時代の燈籠基礎や、東大寺法華堂前にある燈籠の基礎などは、古式燈籠の典型的な基礎といえるでしょう。また柚木燈籠の笠などは蕨手《わらびて》のないもので、このような形式は中国大陸や朝鮮半島に残されているものが同型式で、日本のものよりもさらに古いことから、これらの意匠要素が渡来し作られたことは明らかです。もう一度おさらいすると、笠は蕨手のないもので、竿はエンタシスであり、基礎は石に直接単弁を彫ってあるものが古式燈籠の基本形といってよいでしょう。

平等院鳳凰堂前にある平等院形燈籠。献燈用の一基だけ据える古式方式。基礎は平安時代で竿は鎌倉時代。

興福寺、古式形燈籠基礎 献燈用。奈良時代。

宝珠から基礎に至るまで完全に残っているものは鎌倉期からのもので、古式燈籠の姿を残しながらも鎌倉期独特の創造性も加えたものとなっています。鎌倉期の完全な姿で残っている燈籠は、姿形が美しいことなどから桃山期の茶人の目に留まり、美術品と同じような扱いで、茶室に面した庭の中に持ち込まれるようになりました。

また茶人の活躍によって茶庭（露地）が確立されたことから、一般の人々の間にも庭を作ることが流行し始めました。特に茶の湯の露地の影響を受けた小庭（壺庭）作りが大勢を占め、燈籠の需要が高まりましたが、当然のことながら鎌倉時代の古式の燈籠などは絶対数が少なく、おいそれと手に入りません。したがって庭の添景物として、庭用に作られた庭燈籠が出現してきます。

一般によく使われている織部燈籠や雪見燈籠などは庭燈籠の一種です。しかし庭専用に作られた庭燈籠には、近年では悪趣味なものや粗悪な輸入品なども多く、燈籠を導入する前には注意が必要となります。

孤篷庵山雲床 織部燈籠 庭園用 江戸時代。

藪内家、露地内における燈籠の用い方の好例。

B 基本的な名称

図の通りで上から宝珠、笠、火袋、中台、竿、基礎、基壇となります。

宝珠に請花《うけばな》のついたものとそうでないものとがあります。一概には言えませんが、時代が下るにつれて装飾過多になる場合が多く見受けられます。

笠は、八角形のもので古式のものは笠先端の蕨手がありません。また四角型の笠なども蕨手は省略されています。

軒の傾斜や笠先端の反り具合が真反りかどうかも時代によって大きく変化します。火袋は石を刳《く》り抜き、また火を灯《とも》しその上に重い笠がのることから、大変壊れやすいものです。

地震などで倒壊した際に大きく損傷するのは火袋で、創建当初のものがほとんど残っていないのはそのためです。火袋も時代が下るにつれて装飾過多になることは他の部位と同様です。

中台の特徴としては、鎌倉期以降の中台は下端の蓮弁《れんべん》とその上に受座を設けますが、古式の中台は下端の蓮弁のみで火袋を受ける蓮台形式となります。蓮弁は基礎の蓮弁と異なり単弁のものが多いのも特徴です。

竿は柱状で円柱が多く、最上部、中央部、最下部に隆起帯（節）があります。中央部の隆起帯は中節とも呼ばれ、半球形の連珠のような飾りがあるものもあります。このような中節を珠紋帯、蓮珠紋などと呼びます。また竿の重要なところは、奉納者、制作者、年代などの銘文が書かれており、これによっておおよその年代を特定することができます。基礎部分も古式（平安期以前）と鎌倉期以降の燈籠では大きな違いがあります。古式の基礎は、自然石や切石の上端に反花と受座を直接彫り込み、鎌倉期以降の側面のないものとなります。

大和地方に残されている奈良期の燈籠基礎部分などがこれにあたり、日本の石燈籠初期形態の基礎といえるでしょう。鎌倉期以降は側面があることから、当然ながら基礎部分の細工も多くなります。これは石細工の技術力が向上したことが最も大きな要因です。

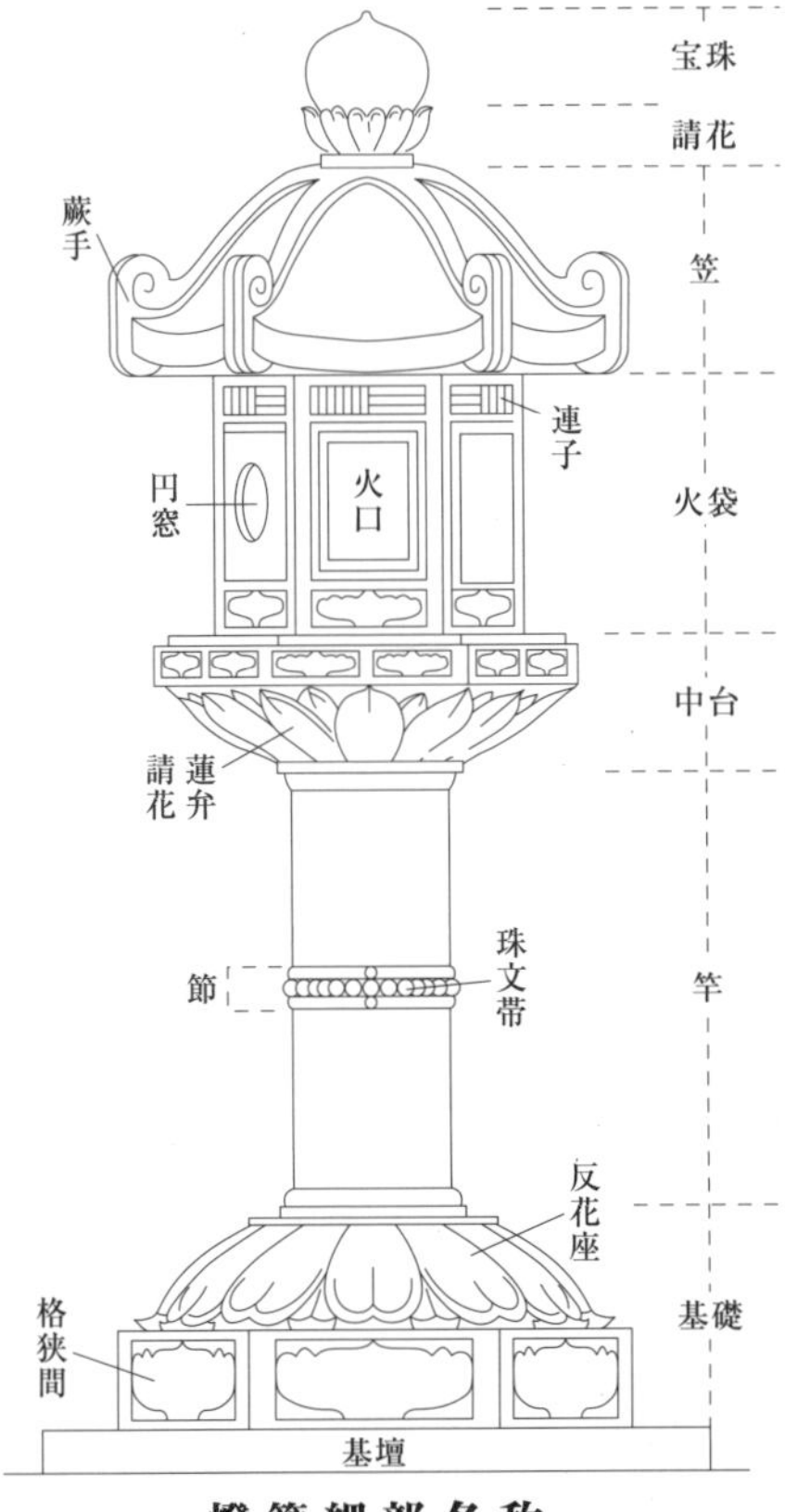

燈籠細部名称

構成としては、基礎部分の上から見ていくと、竿を受けるための受座、下向きの蓮弁（反花《かえりばな》）、そして格狭間《こうざま》が彫り込まれています。蓮弁には単弁と複弁があり、中台と異なり基礎部分の蓮弁には複弁が多く用いられます。また古式の蓮弁はすべて単弁で、中央部分の隆起がないために素弁などともいわれています。

C 種類

燈籠には様々な分類の仕方がありますが、ここでは形から分類します。また本歌と呼ばれるものも随分ありますが、ここで挙げていくときりがないので省略します。

燈籠の起こりは大和地方からで、次第に京都方面へ伝わっていきます。そして江州、丹後山城方面に流れ、そこで大和形式とは異なる燈籠が作られました。

鎌倉期の燈籠には従来これらの形式以外にはないとされていましたが、近年、関東式と呼ばれる、それまでの関西圏で発達した形式とは異なる鎌倉時代の燈籠が発見されました。石燈籠の分布や伝承など、今後の研究が待たれるところです。

形からの分類は以下のようになります。

(1) 八角形…柚木《ゆのき》型燈籠、旧雲巌寺（京都博物館）

現存している平安期の燈籠も八角であり、また東大寺大仏殿前にある日本で最古の金燈籠もやはり八角であることから、日本の燈籠の歴史の中で最も古い形式を伝えているものといえるでしょう。

(2) 六角型…浄瑠璃寺三重の塔前、法隆寺石燈籠、北野天満宮石燈籠

柚木八角型 献燈用 平安時代（竿、中台、笠）。

旧雲巌寺、八角型 献燈用 鎌倉時代。

八角燈籠の後に出てきたもので、多数の種類が存在します。俗にいわれる春日燈籠というのも六角形を指しますが、春日燈籠という本歌は存在しません。春日大社にある多数の燈籠から出てきた名称だと思われます。

（3）四角型…春日大社御間形燈籠、西ノ屋形燈籠

四角型では、この二つが最も代表的なもので端正な姿で美しい燈籠です。また近世のものとしては、勧修寺《かじゅうじ》にある四角型の燈籠が美しい姿をしています。

（4）三角型…桂離宮、清水寺成就院形

三角型の燈籠もほとんどない特殊な形式の燈籠です。清水寺成就院の三角燈籠は、すべてが三角の珍しいものです。桂離宮の三角型は脚付のもので、雪見燈籠の変化形といってよいでしょう。

北野天満宮、六角型 献燈用 鎌倉時代。

浄瑠璃寺 三重の塔前、六角型 献燈用 南北朝時代。

桂離宮、三角型燈籠 庭園用 江戸時代。

高桐院、六角型 献燈用 南北朝時代。

唐招提寺、六角型 献燈用 基礎のみ鎌倉時代。

清水寺成就院、三角型 庭園用 江戸時代。

（5）円型

江戸期以降のもので全体が円形というものはあまりありません。清水寺成就院の岬形燈籠はその好例といえましょう。

（6）不定形型…修学院離宮袖形、妙心寺玉鳳院形、寄燈籠、山燈籠（化燈籠）

修学院離宮にある袖形は、中に金燈籠を吊る仕組みになったもので、西本願寺滴翠園《てきすいえん》内にある袖形も同様のものです。妙心寺玉鳳院《ぎょくほういん》のものは、開山堂前に二基一対で据えられています。宝珠・中台・竿は六角、笠は円形、火袋・基礎・基壇は四角という構成になっています。寄燈籠は読んで字のごとく、様々な石造品をそれぞれの部位に見立てて組み合わせた燈籠のことで、大徳寺孤篷庵忘筌《ぼうせん》にあるものや、岡山県高梁市にある頼久寺《らいきゅうじ》庭園内にある寄燈籠は、ともに小堀遠州の創作で大変素晴らしいものです。山燈籠（化燈籠）は、寄燈籠の下手なもので、自然石を各部位に見立てて組み合わせたもので、あまり趣味の良いものはありません。

玉鳳院形燈籠 献燈用 江戸時代。

頼久寺、寄燈籠 庭園用 江戸時代。（竿は鎌倉時代の年号が入っている）。

孤篷庵、寄燈籠 庭園用 江戸時代。

桂離宮、雪見燈籠 庭園用 江戸時代。

D 庭燈籠の分類に入るもの

（1）生込型…織部《おりべ》燈籠、六角型など

庭燈籠において、現在でも数多く用いられるのがこの生込型《いけこみがた》の燈籠です。全体的に小ぶりで、面積の限られた住宅の庭園に使用されることが

多い。形のあっさりとしたところが好感を持たれるのでしょう。

(2) 脚付型…雪見燈籠

中台から下の竿が脚に変形したもの。金沢兼《けん》六園《ろくえん》にある琴柱《ことじ》燈籠や雪見燈籠がこのタイプ。雪見形の姿形の美しいものとしては、京都泉涌《せんにゅう》寺《じ》にある泉涌寺形、桂離宮にあるものが有名です。

(3) 据置型…岬燈籠、寸松庵《すんしょうあん》型、

中台から下がないもの。園路にある景石の上に置いたり、桂離宮のような池庭の半島の先に置いたりするような用い方が一般的です。

二 手水鉢

各種石造品の中でも、鎌倉、室町時代の五輪塔、宝篋印塔《ほうきょういんとう》、宝塔、層塔などの各部位を見立てて水穴を掘った石造手水鉢は、石造品に対して美意識をもち、見立てて流用したわけですから大変美しいものです。五輪塔の水輪《すいりん》部分を見立てた手水鉢《ちょうずばち》などは鉄鉢形といわれ、僧の器の鉄鉢に似ていることからこのような呼び名がつきました。

また宝篋印塔、宝塔、層塔の笠などを裏返しにして水穴を掘る方法はよく使われる手法ですが、これも鎌倉時代の石造品流用のものが多く見られます。笠の軒の線が柔らかな曲線美で、大変美しいことから見立てられたものです。

塔身も美しいものが多く、東西南北に仏が彫られているもの、また梵字《ぼんじ》が彫られているものなどがあります。梵字が彫られているものは、特に薬研彫《やげんぼり》で彫られており、鎌倉期や室町期の美しさがよく表れています。

これらの石造品以外にも見立てられたものとしては、自然の風化によってできあがった石に水穴を掘る自然石利用の手水鉢などもあります。ただし自然石は、やはりなかなか美しい形

のものがないため、これはというものは意外と少ないですが、そのような中から見立てられた石はどれも大変素晴らしいものです。

　手水鉢の分類は以下のようになります。

A　石造品からの見立物

　五輪塔、宝篋印塔、宝塔、層塔などの笠、塔身、基礎部分など。また建物の基礎石や礎盤、古墳時代の石棺の蓋なども見立てて使われているものがあります。これらの多くは鎌倉、室町時代の石造品が用いられており、名席と呼ばれる茶庭などには必ずといってよいほどあります。

B　自然石

　自然に風化した石を見立てて使用したもの。鹿苑寺夕佳亭《せっかてい》前にある富士形手水鉢、清水寺成就院にある誰袖《たがそで》形手水鉢、妙心寺東海庵にある一文字型手水鉢、智積院の一文字型手水鉢、桂離宮月波楼《げっぱろう》前にある鎌形手水鉢などは特に有

円徳院、檜垣の手水鉢。宝塔笠利用 見立物。

旧大泉山荘、護摩炉手水鉢 見立物。

桂離宮、月波楼前鎌形手水鉢。自然石。

桂離宮、賞花亭付近鉄鉢形手水鉢。五輪塔水輪 見立物。

西翁院、袈裟形手水鉢。宝塔塔身利用 見立物。

桂離宮、松琴亭背後「流れの手水鉢」自然式。

光明院、宝篋印塔笠手水鉢 見立物。

藪内家、文覚形手水鉢。五輪塔水輪 見立物。

銀閣寺形手水鉢 創作物。

名です。

C　全く新しく創作されたもの

従来の石造品にはない、まったく新しく創作された手水鉢で、模倣品も数多く作られているので目につく機会も多いでしょう。慈照寺東宮道と本堂の間にある銀閣寺形手水鉢、孤篷庵忘筌にある露結《ろけつ》の手水鉢、山雲床《さんうんじょう》前にある布泉の手水鉢、桂離宮松琴亭《しょうきんてい》待合いのところにある二重枡形手水鉢などは、大変多くの模倣品が作られています。

龍安寺「吾唯足知」創作物。

孤篷庵「布泉の手水鉢」創作物。

孤篷庵「露結の手水鉢」創作物。

第3章 日本庭園史概説

序　日本庭園の源流

現在、私たちが鑑賞できる古庭園は、さまざまな時代の庭園があります。その形態には池庭《いけにわ》、枯山水《かれさんすい》、茶庭《ちゃにわ》などがあり、これらを総称して日本庭園と呼んでいます。

では、それらはいつ頃からできたのでしょうか？　これを調べるには、古文献から推測する方法と、実際に残されている庭園（発掘されたものも含む）を辿っていく方法の二種類があります。ここでは、各時代によって変化していった庭園の形（地割《じわり》）や石組《いわぐみ》など、その意匠からみた変遷を中心として述べていくことにします。それらの変化をみていくと、池泉《ちせん》庭園であっても枯山水庭園であっても、時代によって様々な形式に分かれていくこと、そしてその変化は時代背景に大きな影響を受けていることがおわかりになるでしょう。

本書での時代区分は以下の通りです。

一　上古（紀元前～五五一）
二　飛鳥・奈良（五五二～七八一）
三　平安（七八二～一一八四）
四　鎌倉（一一八五～一三九三）
五　室町（一三九四～一五五四）
六　桃山（一五五五～一六二三）
七　江戸（一六二四～一八六七）
八　明治（一八六八～一九一二）

九　現代（一九一二〜　）

とこのように分けてみました。庭園史では、政治史の時代区分とは少し時代の境目が異なります。これは、意匠を中心とした様式を政治史の区分で分けてしまうと、どうしても無理が生じてしまうためです。

一　上古

では、現在の庭園意匠の原形となった上古（縄文・弥生・古墳前後期）における意匠、なかでも現存しているものとして、環状列石《かんじょうれっせき》、磐座《いわくら》・磐境《いわさか》、神池《しんち》・神島《しんとう》について考察していくことにします。

上古におけるこれらの意匠は、未だ庭園の定義がなされていなかったために、現在庭園と呼称されている意匠とは直接関係のあるものではありませんが、今残っている古庭園の全体から細部の意匠に至るまで、非常に大きな影響を受けたことは明白です。縄文期に作られた環状列石、また、神々への畏敬の念を具体化した磐座・磐境に代表される遺構などは石組の源流ともいえますし、また神池・神島などは池泉庭園の源流となったであろうと思われます。それらの代表例を挙げながら、現在の庭園の源流となった各々の意匠に迫ってみましょう。

●環状列石

発掘された遺構《いこう》として、秋田県に現存している大湯《おおゆ》環状列石を例にとってみましょう。

この遺構は、縄文時代後期四千年前の遺構で、地質調査によって年代が明らかにされています（ただし近年の縄文土器における年代測定によって、今後若干のズレは生じてくるでしょう）。

遺跡の周囲からは住居跡なども発見されており、大規模な集落が形成されていたものと思われます。また、近年の発掘によって田畑の跡も発掘されており、青森県の三内丸山《さんないまるやま》遺跡の形体とも近似性があります。環状列石は、墳墓《ふんぼ》、あるいは祭祀《さいし》などの祭事に使用されていたのではないかと推測されていますが、確かなことはわかっていません。ただ、環状列石の下からは遺骨や、死体を埋葬するための瓶棺《かめかん》などの埋葬品が発見されていないことから、祭事に使用された可能性が大きいのではないかと思われます。

現在、野中堂《のなかどう》遺跡と万座《まんざ》遺跡の二個所が、道路を挟んで発掘保存されています。ともに直径四十メートルほどの遺跡で、大きな二つの円形の環状列石によって構成されており、それぞれに大小様々な形状のものがあります。時には四角く囲まれた形状のものもあります。どのような用途によってそれぞれが使い分けられたのかはわかりませんが、日時計状に組み合わされた意匠などは単純ですが面白い意匠であり、表現としては、現代における芸術的感覚と同等のものであるといえるでしょう。

写真の中心石の形状などは、現在の庭園における景石《けいせき》類とはまったく異なる使用方法であり（下すぼまりの石を利用している）、この時代の意匠感覚を掴むには重要な意匠構成です。一つ一つの石は、大人二人が運びこむことが出来るほどの大きさで、また石の形状から明らかなようにすべて、表面の滑らかな川石を利用しています。この遺跡に程近いところに川があり、簡便に利用しやすいものを使用したことが伺えます。

環状列石は、石との触れ合いによる芸術的な感覚を充分に発揮した意匠であり、ある意味では、日本庭園が発達した鎌倉時代以降の禅宗寺院における前期・後期式枯山水庭園（後述）の抽象性に十分匹敵するものであるといえるでしょう。

大湯環状列石 縄文時代前期の遺構。石組の原初形態？

●磐座、磐境

磐座《いわくら》とは、神々として奉った石のことで、磐境《いわさか》はそれらを取り囲む神域のことを指します。当時の人々が到底据えることができないような巨石に神秘性を見出し、それらの石に神々が降り立つと信じ崇め奉ったのが、磐座の始まりといわれています。たいていは山中などにある巨石で、そのような自然のものを見立てているので、意匠自体の統一性はほとんどありません。環状列石は人が作り上げたものですが、磐座はほとんど人為的なものではありません。ただし時代が下がってくると、磐座によっては、日本庭園の石組における根幹をなす意匠である三尊《さんぞん》石組《いわぐみ》の原初形態といえるものも出来上がってきます。また、岡山県にある楯築《たてつき》神社などは、環状列石と磐座・磐境を合わせたようなもので、環状列石の分布のない日本列島西側において、同じような概念によって構成されているところに、非常に興味深いものがあります。

磐境に関しては、人為的な手法が取り入れられたものがあります。現在の庭園における景石（庭石）の意匠形態に近いものが出来上がってくるといえるでしょう。一例として、徳島県三《み》加茂《かも》神社の磐境は、板石《いたいし》状の青石を剣先状に加工したものを用いているのが特徴です。またこれらの石を玉垣《たまがき》状に並べており、このような形態の磐境は全国的にみても非常に珍しいものといえます。徳島県は緑泥変岩（青石）を産出する日本でも有数の地ですが、このような板石状の青石を使用した庭園としては、この地にある国分寺庭園の板石状の石を大量に使用した庭園と相通ずるものがあります。後の時代に影響を与えていく先駆けとなっていく良い例ではないでしょうか。

鞍馬寺奥の院磐座

石像寺磐座

●神池・神島

環状列石や磐座・磐境が庭園内における石組の始まりであるとするなら、神池・神島は日本庭園における池泉庭園の源流といえるでしょう。そして環状列石・磐座・磐境を現在の庭園における石組の原初形態と捉えれば、これらの石を中心とした意匠と神池・神島とが組み合わさって、今日の日本庭園における池泉庭園の形態が出来上がったといえるのではないでしょうか。

神池・神島には、一島式とそれ以上の多島式の形態があります。池の水は大海を表し、また非常に清らかなものの喩《たと》えとされます。その海に浮かぶ島は神聖な領域、神々が住む神域であり、決して人が足を踏み入れてはいけない領域とされていました。

島の配置はそれぞれ色々な形があり、三角形に配置する出雲《いずも》式形式、またこれらの三島形式以外の多島式のものもあり、宇佐《うさ》式と呼ばれています。この宇佐式は多島式ですが、ほぼ直線で配置されているのが特徴です。また阿自岐《あじき》式は多島式で、さらに複雑な形態となっています。

これらの神池・神島の代表的な例としては、

○ 宇佐式……宇佐神宮神池（大分県）
○ 出雲式……吉備《きび》津神社神池（岡山県）
○ 阿自岐式……阿自岐神社神池（滋賀県）

などが有名です。

阿自岐式の阿自岐族は渡来民族であるため、混合文化を発展させたものとしてみる場合もあります。これらの神池は神聖なものとして崇められてきたのですが、その後の大陸からの蓬莱《ほうらい》思想の流入とともに神仙《しんせん》思想として根付き、さらに仏教思想が流入したことによって、その両面を兼ね備えた意匠形態となり、現在ある池泉庭園の形式となって形成されていったと考えられます。

これらの形態に関しては、当然のことながら詳しい文献が残っているわけではありませんが、日本書紀の記述の中に「池泉を築き中島を配置～」という記述があることから、次代の庭園形式としての前段階であったと推測することができます。また、これらの池の中にある中島という形態は、墳墓の形態とも合い通じ、非常に興味深いものがあります。

なかでも珍しい形態としては、三重県鈴鹿市にある、伊奈富《いなふ》神社の多島式の神池・神島があります。神池の中にある島が一直線に並べられているもので、全部で七島あります。

また、同じく三重県上野市にある城之越《じょうのこし》遺跡は、古墳時代前期の遺構で、大溝祭祀遺構《たいこうさいしいこう》といわれています。つまり緩やかな曲線を伴った流れがあり、祭祀をおこなうためのものであったとされています。この遺構などは、洲浜《すはま》を思わせるような張石《はりいし》があったり、また立石《たていし》を伴った石組の遺構があったりと、飛鳥期以降にようやく登場する日本庭園の始まりの、まさに序章ともいうべき形態だといえます。

二　飛鳥・奈良期

飛鳥時代に入ってから大陸文化の流入が始まり、仏教伝来による影響を強く受けた庭園が現れます。それまでの神池・神島や、磐座・磐境などとは異なり、自然を縮景しながらも日本の自然観にはない、ある部分において超自然的な今日まで受け継がれている意匠形態の庭園の始まりといえます。作庭当初からの姿で現存しているものはほとんどありませんが、滋賀県大津市にある園城寺《おんじょうじ》の閼伽井《あかい》付近にある石組遺構は大変貴重なものです。

城之越遺跡。

また、近年めざましい発掘の成果が現れています。大半は奈良県を中心として発掘されていますが、そのほとんどは池庭や流れを伴ったものであり、やはり大陸からの庭園文化の伝承が色濃く出ているのが良くわかります。平成十一年（一九九九）に奈良県飛鳥地方で発掘されたものは、日本庭園としての原初形態を良く表しており、興味深いものです。発掘された中でも、特に飛鳥京跡苑池《えんち》遺構と酒船《さかふね》遺跡は、日本庭園史の中で、最初期の形態として非常に貴重な発掘であるといえます。橿原《かしはら》考古学研究所によると、日本書紀に記された天武天皇の白錦後苑《しらにしきのみその》の可能性があるといわれています。

意匠上の点から現代の庭園につながるものには、飛鳥京跡苑地遺構の石積《いしづみ》によって作られた護岸や池中の島、また三段の石積によって作られた半島状形式の護岸などがあります。また酒船遺跡で出土した亀形と小判形の石造物などは、中国や韓国の曲水《きょくすい》庭園などに用いられている石造物の形態にきわめて似ており、最初期の庭園文化は大陸から影響を受けたという説を裏付ける、貴重な遺構の出土であったといえます。

奈良期の庭園も、当初から現存している庭園はありませんが、やはり発掘成果が大変多く出ています。特に平城京がらみの遺構が多く、それらの殆どが、次代の平安期や鎌倉期に受け継がれていきました。日本庭園の基礎的な部分が完成しつつある時代であったといっていいでしょう。流入した大陸文化が定着し、さらに独自性へと進んでいく過程が、庭作りにもはっきりと現れています。

奈良市内の平城京跡地から昭和五十年（一九七五）に発掘された平城京左京三条二坊宮跡庭園は、その代表例です。この庭園形式の最大の特徴は、優美な曲線を描いた曲水庭園です。曲水庭園もやはり発祥は中国であると思われますが、近年（一九九五～九七年発掘、二〇〇〇年九月の「文物」に発表）、広州で発掘された南越国《なんえつこく》の曲水庭園が最も古いものです。また、この庭園は曲水としてだけではなく、世界最古の庭園でもあります。作庭されたのはおよそ二二

平城宮東院庭園。

平城京左京三条二坊宮跡曲水庭園全景。

〇〇年ほど前、紀元前の時代であるといわれています。流れの底に切石《きりいし》を敷きつめ、さらに玉石《たまいし》を敷きつめています。ここの曲水で日本のように「宴」を行ったかどうかはわかっていませんが、水深の違い以外は平城京左京三条二坊宮跡庭園と水勾配《みずこうばい》なども似ているため、可能性はあるといえるでしょう。また、これらの南越国の施工方法は、二坊宮跡庭園などの発掘調査から近似性があることがわかっており、興味深い点が多々あります。

このように、飛鳥・奈良期における庭園は、中国大陸からの文化流入によって作られていきます。当初は、影響力の強さがよく表れていますが、次第に日本独自の庭作りに傾いていくことになります。

つまり、平城京左京三条二坊宮跡庭園や平城宮跡東院庭園では、仮山《かざん》や荒磯《ありそ》の作りなど、『作庭記《さくていき》』に記載されている石組が拵《こしら》えられており、日本独自の庭園作りが定着しつつあったことがうかがえます。そしてその流れは、確実に次の平安期に受け継がれていきます。

三　平安期

これまで飛鳥・奈良期において、大陸からの影響を受けながら試行錯誤を繰り返してきた作庭が、日本独自の庭作りへと変貌していった時代が平安期といえるでしょう。それまでの池や曲水、遣水《やりみず》の庭園造りを踏襲しながら、寝殿造《しんでんづくり》庭園や浄土式《じょうどしき》庭園といった平安期独自の形式を生み出していきました。

寝殿造庭園は、寝殿造りの住宅に付随することから名づけられた庭園です。基本的な形式としては、寝殿南面に広場や池を作り、その池に遣水がそそぎ、池中に島を作って反橋《そりばし》などをかけるというものですが、残念ながら創建当初の姿はなく、文献や絵巻、発掘などによって知る

優美な曲線を描く毛越寺池泉。

しかありません。

また浄土式庭園とは、浄土教の阿弥陀仏《あみだぶつ》の極楽浄土《ごくらくじょうど》に生まれ、悟りを得ることを説いた教えから、平安中期から後期にかけて作られた極楽浄土を表現した理想郷の世界観を表した庭園です。広大な池泉に島を作り、その池全体や対岸に極楽浄土が広がるような作りとなっているのがその特徴です。

現存している平安期の庭園には、完成当初の姿をそっくりそのまま残しているところは残念ながらありません。京都にも平安期の名残を残す庭園がいくつかあります。宇治の平等院、太秦《うずまさ》の法金剛院《ほうこんごういん》、山科《やましな》の勧修寺《かじゅうじ》、大覚寺《だいかくじ》大沢の池、二条御池《おいけ》にある神泉苑《しんせんえん》、京都府相良《さがら》郡にある浄瑠璃寺《じょうるりじ》などがよく知られたところで、そのどれもが当時栄華を誇った庭園の名残です。とりわけ平等院や神泉苑などは、完成当初の姿は相当広大な敷地であって、現在の姿はごく一部の姿を見ているにすぎません。しかしながら、平等院は建物の鳳凰堂が平安期の姿そのままで残っており、また近年発掘調査によって得られた成果に基づいて、鳳凰堂の周りが整備されたことによって、池という大海の中に浮かぶ極楽浄土の世界観を生き生きと感じ取ることができるようになりました。

大覚寺境内にある大沢の池は、九世紀初頭に作られた嵯峨院の庭園です。この池はすでに荒廃してしまっていますが、やはり近年の発掘によって、名古曽《なこそ》の滝や、そこから池に向かっての流れ（遺水）が発見されました。また、夜泊石《よどまり》や岩島である「庭湖石《ていこせき》」なども残っており、この時代の庭園の様子をしのぶことができます。

なお、京都以外の平安期の代表的な庭園遺構としては、岩手県にある毛越寺《もうつうじ》庭園、観自在《かんじざい》王院《おういん》、無量光院《むりょうこういん》、福島県の白水《しらみず》阿弥陀堂など、大変貴重な庭園が保存されています。

平等院 北側から見た鳳凰堂

発掘復元された毛越寺遺水

四　鎌倉期

鎌倉期はそれまでの流れを受け継ぎながら、日本で成熟してきた仏教思想を表した作庭が特徴となっています。それまでの優美な世界とうってかわり、厳しく崇高な空間がつくられていきます。

意匠上の特徴としては池泉庭園が主ですが、舟遊《しゅうゆう》式の庭園形態とともに廻遊《かいゆう》式の形態も取り入れられました。もちろんこれは面積などの問題もあるでしょうが、新しい手法には違いありません。建物も寝殿造りから書院造《しょいんづく》りに移行していく時代で、特に鎌倉時代後期の武家好みの書院造りによる床の間、違い棚、付書院《つけしょいん》などの諸施設が、その後の茶湯《ちゃのゆ》や生け花文化に大きく役立ち影響していくことになるわけで、それと同様に、建築を取り巻く外部空間構成も当然のことながら変化していきます。

技法的な観点からは、平安末期に書かれたと伝えられる『作庭記』と、それより少し後に書かれたと伝えられる『山水並野形之図《せんずいならびにやぎょうのず》』からの影響が大きいと思われます。平安期に日本庭園の造り方がほぼ固まり、次代の作庭手引き書として著されたこの二冊によってほぼ庭園造りの根幹が決まったといえます。すなわち、そこに詳細に記述された技法を駆使することによって、その後の作庭が一気に開花したのです。『作庭記』の代表的な記述をいくつか取り上げてみると、自然の景を思い出して取り入れること（池泉庭園における護岸や岩島などの表現方法）、枯山水技法（前期式枯山水）、各石組《いわぐみ》や滝石組の作り方などの技法は、脈々と時代を経ながら現代にまで続いています。

またこの時代には、仏教的に取りこまれた蓬莱神仙《ほうらいしんせん》思想を表現した作庭が盛んとなり、特

南禅院池泉。

に石組にそれを見ることができます。西芳寺の池泉部分にある夜泊石組、上部枯滝《かれたき》石組、亀《かめ》石組《いわぐみ》などが蓬莱思想を取り入れた代表的な例です。これらの石組は『作庭記』に記述された前期式枯山水技法の例でもあります。そしてこの技法は、次の室町期で開花する禅院枯山水庭園との過度期にあたっています。

さらに、龍門曝《りゅうもんばく》という形式の滝もこの時代に出現しました。これは中国の龍門の考え方を日本の庭園の中に取り入れたもので、代表例としては、京都鹿苑寺《ろくおんじ》、天龍寺《てんりゅうじ》、山口県常栄寺《じょうえいじ》、長野県光前寺《こうぜんじ》などの滝が有名です。また石橋も鎌倉期から出現しました。石橋の様式における時代判別も、この時代を起点として見ていくことができます。現存している橋石組では、京都天龍寺の龍門瀑の前にあるものが日本最古のものです。

これらの石を中心とした意匠に関しては、この時代に石組という概念が確立されたことを物語っており、それぞれ蓬莱石組、滝石組、橋石組などに分類することができます。それらの石組は三つの石を組み合わせた形態が中心で、便宜上、三尊石組《さんぞんいわぐみ》という呼称がつけられています。そしてこの三尊石組は、その後、現代に至るまで、石の扱い方において、日本庭園意匠上の根幹をなすものとなりました。

五　室町期

室町期における庭園の特徴としては、室町後期に盛んに造られるようになった、禅院枯山水庭園（後期式枯山水庭園）が大きく発達したことが挙げられます。

室町期に禅宗が発達したことから、外部空間である庭園に対しても、さらなる精神性が問われるようになってきました。室町期以前に流行した華美で大がかりな庭園造りが抑制され、狭

鹿苑寺龍門曝。

小な空間でも高い精神性をもった崇高な庭園作りが盛んになったのです。そして、水を使わずに山水表現をするといった表現方法が高い精神性と高度な抽象性を持つことから、大いに流行することになります。これが室町後期に盛んになった後期式枯山水庭園です。

鎌倉期のところで、『作庭記』の記述において「前期式枯山水」と述べましたが、この前期式、後期式という表現は正確なものではありません。現在では「枯山水」というと、室町後期の禅院枯山水を指すのが一般的になっていますが、前述したように既に平安期において「枯山水」の言葉が出てくることから、便宜上、前期、後期と呼称するようになったのです。枯山水庭園に関しては第二章「枯山水庭園の成立」を参照してください。

また、中国大陸から渡ってきた水墨山水画《すいぼくさんすいが》も、庭園造りに大いに参考とされました。水墨画にある自然やその世界観は日本にはまったくないものですから、やはり禅文化と融合しながら取り入れられた特徴の一つといえるでしょう。

石組や地割などは、鎌倉時代の剛健な感じは影をひそめ、どちらかというと、より繊細な線になったことも大きな特徴です。しかしながら、石組における抽象性に至っては、鎌倉期よりもより洗練され、高度になったといえます。とりわけ蓬莱石組、鶴・亀石組などの蓬莱神仙思想の表現力は、日本庭園史上最高のものといえるのではないでしょうか。この鶴を表現する島や石組は、まさに日本庭園独自の形態であり、これらの表現方法を用いた作庭が大きく飛躍したのがこの時代であったといえます。ちなみに中国庭園には鶴を表現したものはありません。

ただし、室町期の庭園に関しては注意しなくてはならない点があります。現存している庭園は、室町後期に作られたものが殆どであり、応仁の乱を境に前期・後期という形で分けると、応仁の乱後の庭園が殆どであるという点です。前期と後期の作庭はかなり異なっていた可能性があり、それらの問題点も考慮しながら室町期の庭園を考えていかなくてはならないでしょう。

退蔵院亀島。

大仙院亀島。

六　桃山期

桃山期の庭園は、室町後期からの流れを踏襲しつつ、石組に巨石などを用い、豪華絢爛さを伴って完成したのが特色といえます。

池泉庭園では、平安・鎌倉期の庭園に比べると規模としては小さいですが、舟遊及び廻遊式の池泉庭園が復活してきたことが挙げられます。池全体の地割の線は、先代のものに比べると優美な曲線が姿を消しています。出島の線も同様で、だんだん小さくなり、池全体の姿がさらに変わってくるのもこの頃の特徴です。各島も、より具象化されるようになってきており、抽象性という意味合いからも一歩後退してきている感は否めません。

また、巨石を伴った石組がありながら、護岸石組の力強さも後退してきており、全体的に意匠上の力強さが失われてきています。その反面、池泉庭園と枯山水が隣り合って意匠されるようになったり、過去の流れを踏襲しながらも新しい意匠形態の出現があったりと、新しい創作への強い意欲が伺える点は興味深いものです。

枯山水庭園の特色としては、池庭の形をそのまま枯山水に仕立てる方法が出現したことです。例としては、西本願寺対面所の庭、徳島城の枯山水部分がそうです。これらの庭園は、完全に池泉庭園の地割となっており、水を張るために掘り取って、防水工事及び護岸の景を造り出せば、完全な池泉庭園となります。これも室町期の池泉形態を取る形式の枯山水庭園（妙心寺退蔵院庭園）から一歩踏み出した手法ですが、具象化への道を辿る手法であるともいえます。

石組に関しては池泉庭園と同様で、全体的に室町期よりもさらに大きな石を使用したことから、非常にダイナミックな意匠となっていますが、悪くいえば大味な感がしなくもないもので、

粉河寺の石垣状になった亀石組。

西本願寺、後方から見た亀島。手前の少し高めの石は亀尾石。

やはり時代背景を象徴しているといえるでしょう。

桃山期に至ってからの大きな変革としては、池泉、枯山水の両方式の庭園に対して、自然石と加工した切石橋を用いるようになったことが挙げられます。それまでの橋石はすべて自然石の橋石でしたが、より大きな橋を架ける必要性と技術の進歩とによって、花崗岩を加工した切石橋が出現してきました。これによって従来の自然石では表現し得なかった反橋や、権力の象徴たる長く大きな橋石が可能となり、庭園全体の景も変化してくることになります。

使い方に関しても、今まで神聖な島として作られてきた蓬莱島、亀島、鶴島などの神仙島に対して、橋石が堂々とかけられるようになったことは大きな変革であったといえます。これは天下統一という社会情勢が背景にあり、人のもつエゴイズムの象徴としてとらえることができます。代表的な例としては、「醍醐寺《だいごじ》三宝院《さんぼういん》庭園（旧金剛輪院《こんごうりんいん》庭園）」（京都市伏見区）、「二条城二の丸庭園」（二条通堀川西入）などがあります。

また、玉潤流《ぎょくかんりゅう》という変わった橋石の手法も出現します。これは従来の橋石の位置よりも、非常に高い位置に架けられる手法で、築山部分上部や、二段、三段の滝の上部に架ける手法です。代表的な例としては、粉河寺《こかわでら》庭園（和歌山県）、勧持院《かんじいん》庭園（京都下京区）、名古屋城二の丸庭園（愛知県）、金剛輪寺庭園（滋賀県）などが知られています。

石組の構成は、室町後期から受け継がれ、要所に巨石を用いながら力強く美しく豪華絢爛です。亀石組、鶴石組などは、室町期の抽象性が影を潜め、徐々に具象的な意匠形態に変化してくるのが特徴です。要所要所の巨石に関しては、福井県にある朝倉家諏訪館跡《すわのやかたあと》庭園にある四メートルを越える石を使った石組など、それまでの時代には見られなかったような巨石石組が行われているのも、武家社会が中心であった力強さを示す良い例とい

智積院庭園滝石組。上部に玉潤流の橋石が架かる。

えるでしょう。
意匠的には、やはり鶴亀蓬莱の神仙思想を表現した庭園が大勢を占めていますが、時代背景からか非常にわかりやすい意匠形態になっているのも特徴といえます。亀はより亀らしく、またいままで非常に抽象的な構成であった鶴までもが具象性の方向になっていきます。ただし室町期に比べると、石組構成の中に伏石を多用するなど、次第に力強い構成から穏やかな構成に移っていく過程を見出すことができるのも、この時代の特徴です。

植栽《しょくさい》に関して大きな変化が現れてきたこともこの時代の特徴です。室町後期で使用された刈込《かりこみ》形態が、一気に大刈込の形態となって意匠化されました。この大刈込などは、茶畑からヒントを得たのではないかと思われるぐらい、従来の作庭観から隔たった植栽の起用方法です。植栽は全体の構成の中で柔らかさを演出したりする意味合いがあったのですが、この大刈込意匠によって、石組などと同様に主たる構築物扱いをした点は画期的であるといえるでしょう。ただし、大刈込庭園に関して注意しなくてはならないのは、樹木を使った意匠であるため、定期的な刈込剪定《せんてい》を行っていても、年々大きくなっていくのは避けられないことです。つまり、完成当初からそのままの状態で残っていることは先ずあり得ないでしょうし、ある程度大きくなりすぎたり枯死したりしてしまった場合は、植え替えなければなりません。当然のことながら、創建当初の樹木は残っていないでしょうし、また代々その寺の状態がどうだったのかも含めて考えなければなりません。石の持つ不変性と異なり、樹木のような「生き物」を使用した意匠の問題点として注意すべき点です。

もう一点、桃山期の庭園で忘れてはならないものに茶の露地《ろじ》（茶庭）があります。室町期から徐々に形づくられてきた茶湯が、桃山期に千利休《せんのりきゅう》の活躍によって一挙に侘《わ》びた形態の露地として確立されました。露地の出現によって、飛石《とびいし》、延段《のべだん》などが飛躍的に発展し、また燈籠《とうろう》や手水鉢《ちょうずばち》に代表されるように石造品が庭園内に入ってくることになります。そもそも燈籠は寺

二条城二の丸庭園御幸殿跡からの眺め。左が鶴島で奥の大きな島が蓬莱島。

頼久寺庭園大刈込。

社における献灯が目的であったために、庭にとってはまったく必要性のないものであったのが、利休などがその美しさをたたえ、実用と美を兼ね備えた物として積極的に露地に持ち込んだことが始まりとされています。そして、露地は大きく発展しながら江戸期に完成するわけですが、この露地の出現は、ある意味で、その後の日本庭園が大きく変革していく起爆剤となっていくのです。つまり露地の一部を切り取ったような庭作りが一般の住居にも普及し、定着していきます。京都の町屋に面した壺庭《つぼにわ》の形態などは、まさにこの手法（蹲踞《つくばい》周り）であり、また玄関庭の設《しつら》えなどにも、やはりこの茶庭の精神が息づき、現在の庭作りにまで大きな影響力を持つようになります。この茶庭の出現によって、日本庭園は完全に中国庭園から独立した、独自の外部空間構成を築いたといえるでしょう。

七　江戸期

●大名庭園

江戸期はいままでになかった長期政権が続いたことによって、様々な庭園形態を生み出した時代でもあります。

庭園の特色としては、大名庭園、茶の露地の確立が挙げられます。また一般庶民（といっても豪商などですが）が庭園をもつようになったのもこの時代からです。

意匠の傾向としては、初期は桃山期の豪華絢爛さを受け継いだ作風で、意匠の中心はやはり鶴亀蓬萊形式です。そして巨石を用い、数多くの石を据える形式も、桃山期から受け継いでいます。しかしながら豪華絢爛さや造形感覚の鋭い石組は初期までで、中期あたりからは、それ

南禅寺本坊。
江戸初期方丈前庭の典型的な作庭法。

らが次第に影を潜めていきます。そして自然風景をそのまま取り込む作風、いわゆる自然風景主義庭園が現れてきます。特に大名庭園にはそのような傾向が非常に強くなり、全国に波及していくことになります。また露地の発達も、この自然風景主義的な考え方を強めたともいえるでしょう。

その大名庭園の特色を簡単に追ってみると、以下のようになります。

東京都文京区小石川にある水戸徳川家の館址である小石川後楽園を例に挙げてみましょう。この庭園の特徴は、池泉舟遊・廻遊式、蓬莱思想を取り入れた池泉庭園です。池泉庭園の分類からすると、大規模な準平地式池泉庭園といえます。ここまでは従来の蓬莱思想に基づいた庭園ですが、それまでの池泉庭園と異なるのが、一つの空間の中に各地の名勝景色を具象的な縮景《しゅくけい》によって表現したことで、日本全国の名所の景を取り入れた庭園になっています。それまでにも、桂離宮の「天橋立《あまのはしだて》」などが代表的な縮景として知られていますが、小石川後楽園の場合はその規模がさらに広がっています。たとえば、小廬山《しょうろさん》、富士山、富士白糸の滝、木曽の寝覚《ねざめ》ノ床《とこ》、京都大堰川《おおいがわ》、京都清水《きよみず》の舞台、京都渡月橋《とげつきょう》、京都通天橋《つうてんきょう》、琵琶湖竹生島《ちくぶじま》、田園の風景などなどがそうです。これらの風景を大規模な敷地の中で様々な場所に配置し、廻遊しながら各地の名所風景を堪能できるように造られています。

またその後、徳川光圀《みつくに》の趣味によって中国の景が取り入れられました。アーチ状の石橋である円月橋《えんげつきょう》や、中国杭州西湖にある西湖堤を取り入れたことにより、その後の各大名庭園にも積極的にこれらの景が取り入れられるほど波及しました。この西湖堤を模倣して残されている庭園には、芝離宮（東京都）、養翠園《ようすいえん》（和歌山県）、縮景園（広島県）などがあります。そしてこれらの大名庭園は、すべてが右へ倣えで同じようなものばかり作ったのではありませんが、縮景を取り入れること、そして中国の西湖堤や円月橋などを取り入れることが大流行しました。

また、これらの縮景や中国趣味だけではなく、不老不死を願う蓬莱思想が庭園内に取り入れ

小石川後楽園　京都大堰川の写し。

小石川後楽園　朱舜水から影響を受け設置した中国趣味の円月橋。

られたのと同様に、各大名の跡継問題の解決を願う意味から陰陽石《いんようせき》を多用したことも、江戸期の大名庭園の大きな特色といえます。これは各藩にとっては重要なことで、跡継ぎがいないための廃藩を防ぐために縁起を担ぐという意味合いがありました。それらの陰陽石に関しては、岡山の後楽園、香川県栗林公園などが有名です。

大名庭園の概要を小石川後楽園に限って追ってみましたが、権力の誇示ということが中心になってきていることが良くわかります。つまり縮景といっても、それまでのあまり広くはない空間で表現する場合は、あくまで高度な抽象表現が求められ、それだけ造形感覚の鋭い作庭がなされてきました。しかしながら、このような規模の大きい意匠形態の場合、全体的な外部空間構成として見ると、各部位にある鋭さが薄まってしまう危険性は否めないのではないでしょうか。また、政治的な繋がりの中から、人を招くための一つの手段としてこのような多岐に渡る意匠が散在するような庭園が出来上がったとも考えられます。

●茶庭（露地）

江戸期ではもう一つ重要な意匠形態である、茶の露地を忘れることはできません。

露地は最初のころは「路地」と書かれていることが多かったのですが、次第に「路次」「廬地」「廬路」等の字があてられ、現在では「路地」は家と家との間の狭い通路を連想させられることから、「露地」の文字があてられています。

庭園の意匠背景には形式的（蓬莱神仙思想など）なものがありますが、それは必ずしも表現しなくてはならないということではなく、表現方法の一つとして覚えておけばよいことです。つまり、そのようなしがらみに縛られることなく、その時代に流布した思想や宗教観などを表現方法の一つとして、自由な発想のもとで作られていくべきです。しかしながら茶の露地に関

小石川後楽園「西湖堤」中国杭州の西湖にある堤の写し。

養翠園　中国趣味の円月橋。

しては、ある一定の約束事があり、これは必ずといってよいほど遵守《じゅんしゅ》しなくてはなりません。

千利休に代表されるような侘びた風情の草庵式茶室に面した露地の形態と、また小堀遠州《こぼりえんしゅう》を代表とする明るく開放的な書院式の形態がありますが、どちらも蹲踞《つくばい》周りの約束事などは似たようなものです。

露地の形態としては内露地と外露地があり、それぞれに約束事があります。両露地ともに腰《こし》掛待合《かけまちあい》があり、それぞれを外腰掛、内腰掛と称します。この腰掛待合に打たれた飛石《とびいし》も、一見無造作のように見えますが、招待した客の中で最も中心的な人が座る位置に「貴人石《きにんせき》」を設けるのが決まりになっています。外腰掛の横に設けるのが「下腹雪隠《したばらせっちん》」で、実際に使用する厠《かわや》のことです。外露地と内露地の仕切は、普通四目垣《よつめがき》で仕切るのが一般的な方法です。飛石の打ち方、中門から蹲踞周りの役石《やくいし》名などは下図を参考にしてください。

内腰掛のそばに設ける雪隠を砂《すな》雪隠といいます。そして内腰掛から蹲踞で手と口をすすぎ、躙口《にじりぐち》から茶室に入っていきます。躙口側からの飛石の役石名は、踏石《ふみいし》（一番石）、落石《おとしいし》（二番石）、乗石《のりいし》（三番石）という名称がついています。また、茶席に入る前に刀をかけるための棚に導く飛石を設け、最後に刀掛石《かたなかけいし》を据えます。各待合いや茶席のそばには塵穴《ちりあな》を設けます。草庵の茶室に面した露地は、山間の侘びた風情を演出するために石組はせず、一石のみによる捨《すて》石《いし》という手法が使われました。全体的な植栽は、山間の風情を思わせるような樹木を選択する必要があります。また樹木に関する約束事として、実のなる木や花をつけるような木は露地内には持ち込まないことになっています。

そして、手を洗い口を濯《すす》ぐために、石造の手水鉢を蹲踞形式に則《のっと》って据えます。この手水鉢は、自然石、見立物《みたてもの》、創作物の三種類に分けることができます。

自然石は、水穴を掘る以外はまったく加工することなく、姿の美しい物を使用します。鹿苑寺夕佳亭《せっかてい》の富士形手水鉢、真珠庵庭玉軒《ていぎょくけん》、武者小路千家半宝庵《むしゃのこうじせんけはんほうあん》前・祖堂《そどう》前、桂離宮鎌形の手

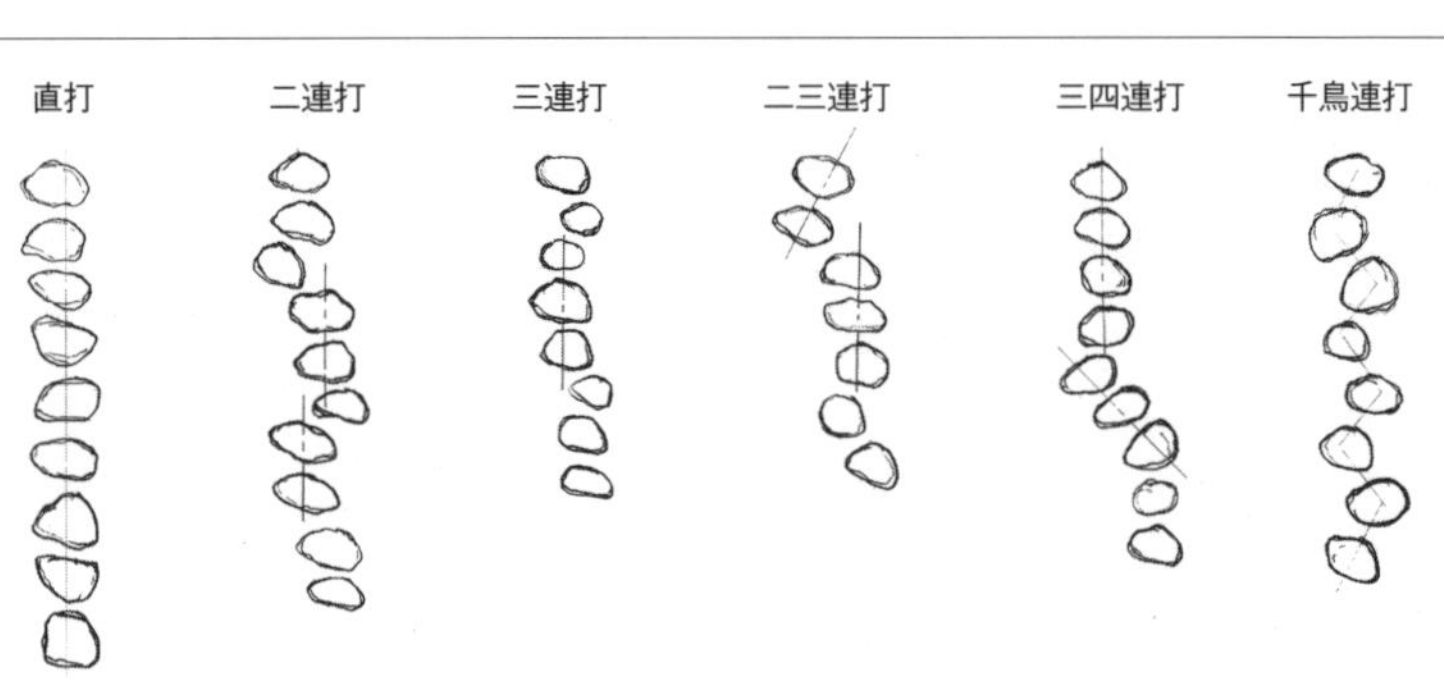

水鉢、智積院《ちしゃくいん》書院前、清水成就院などの手水鉢が有名です。

　見立物の手水鉢は、様々な石造院を流用した物で、宝篋印塔《ほうきょういんとう》・宝塔・五輪塔・多層等の笠、塔身、基礎、石棺《せきかん》の蓋、燈籠の基礎、中台《ちゅうだい》、建物の礎石、礎盤《そばん》など、ありとあらゆる石造品の各部品に水穴を掘って使用されています。特に鎌倉、南北朝、室町期までに製作された物が好まれています。非常にたくさんの例があるので、代表例としてあげるのはむずかしいですが、西翁院《さいおういん》澱看席《よどみのせき》にある宝塔の塔身を利用した物、裏千家又隠《ゆういん》前にある石層塔身を利用した鎌倉期の四方仏等、多くの例があるので、手水鉢関連の本などで調べて、是非とも一見してください。

　創作物は、最初から創作的に作られた物で、従来の石造品にはない形の物や、中国の故事などを掘ったりしたものなどを指します。龍安寺「吾唯足知《われただたるをしる》」と書かれたものや、孤篷庵忘筌《こほうあんぼうせん》「露結《ろけつ》手水鉢」、山雲床《さんうんじょう》「布泉《ふせん》手水鉢」、桂離宮「二重枡形手水鉢」、曼殊院《まんしゅいん》「梟《ふくろう》の手水鉢」などが有名です。

●壺庭の成立

　それまで一般の市民にはなかなか所有することができなかった庭園が、この時代に持たれるようになってきたことは非常に大きな変革であったといえるでしょう。初期的な段階では、やはりあまり大きな空間に作られるようなことがなかったようです。

　一般的な庭園作りがある程度認知されるようになってきてから、規模が拡大していったと考えてよいでしょう。そうなると、初期的な段階の庭園意匠とはどのようなものだったのでしょうか？

　あまり広くない空間に作るということの問題点としては、まず採光や風通しの関係から植栽

桂離宮「二重枡型手水鉢」。

一石のみの簡素な壺庭。

計画に関しては非常に限定されるということがありますが、やはり茶湯の発達に伴って、露地的な考え方を導入するような庭園作りが発達したといえます。

空間ポイントを絞って、非常に姿形の良い燈籠（鎌倉・室町期）を置いたり、蹲踞を組んだりといったような露地的な要素を盛り込んだ庭園作りがなされるようになりました。また、景石の扱い方も、それまでの石組という概念とは違った、山間の侘びた風情を醸し出す捨石手法が取り込まれました。捨石手法は一石で見せることから、自然の趣と素材の美しさ（形、色など）を重要視しました。これも露地からの考え方で、これらのことから従来の蓬莱神仙思想から脱却した、後世に多大なる影響力を及ぼすことになる自然風景的な庭園造りがなされるようになってきます。そしてそれは、近代における産業の発展とともに、失われていく自然への回帰現象をも象徴しているのです。

八　明治期

明治期は、桃山期から江戸期にかけて完成した茶の露地を模範とした、自然風景的な山間の侘びた風情を、露地の規模よりもさらに大きな庭園に持ち込み、完成させたところに特徴があります。また、一般的な庭園としての自然風景的な庭園形態としては、江戸中期から起こった自然風景主義的庭園の集大成の時代でもあります。江戸中末期には、まだ石組意匠によって創作的な姿勢を持った作家も存在していましたが、やがて明治期に入って、自然派の植治《うえじ》のスタイルが完全に定着したころには、日本庭園の作家は石組をすることを忘れ、また地割にも、長年にわたって続いてきた先進的な意匠形態を完全に放り投げた変化の乏しい、自然的な庭園作りが中心となってしまいます。それらの作品には必ずといってよいほど借景《しゃっけい》が取り込まれてい

露地的な壺庭（著者作）。

ます。

　鎌倉、室町期においても、背景をまったく意識しなかったことはないでしょうが、その与えられた空間内での超自然的な技法から考えると、背景を取り込むまでもなく、その空間のみによって完結しているのが、この時代の最も大きな特色であったといえます。しかしながら明治期にいたっては、もはや借景を大きく取り込むことを前提としているため、作品自体の魅力が乏しくなってしまいました。

　このような意匠形態も京都を中心に始まり、特に京都の第七代小川治兵衛（屋号・植治）は、明治期を代表する作庭家といっていいでしょう。南禅寺界隈を中心とした大規模な敷地を舞台とした数多くの庭園が残されています。平安神宮庭園、野村碧雲《へきうん》荘、對龍《たいりゅう》山荘、細川別邸など、南禅寺界隈に多数散在している植治の作品は、伝統的な手法と自然風景を模範としながらも、植治独自の世界を築いており、技術的に傑出した作品が多くあります。

　しかし、これはあくまでも植治独自の作風であり、そして京都や滋賀などの、庭園資材が豊富な恵まれた環境下であったからこそ成り立ったともいえます。京都から離れた植治の作品で、東京にある古河庭園などは、やはり庭園資材の違いからかなり苦労した後が見受けられます。植治流の作風は、京都だけではなく、全国的に大きな影響力をもち、植治の作品を範とした庭園が作られるようになっていきます。ある意味においては、それまで着実に発展してきた日本庭園の意匠形態が急減速したといえるでしょう。つまり、この一時の意匠構成が日本の伝統的な外部空間構成の根幹をなしているという勘違いから、日本庭園の創作意欲に対する堕落が現在においても続いているといえます。

洛翠（植治作）。

九　現代

現代の日本庭園の世界は、明治期庭園に確立された自然風景的な風情を引き続き具体化しているのが現状です。そして現代では伝統を守るという観点からも、未だにその手法が主流となっているところに、日本庭園界の発展性の無さや閉鎖性を感じざるを得ません。単なる伝統固持の世界であればそれでも良いでしょうが、それまでの先進性をまったく忘れ去ってしまったことに大きな問題があります。あらゆる分野の芸術が、伝統破壊による新たな手法を盛んに取り入れたにもかかわらず、それまでの日本庭園の発展性や先進性というものが忘れ去られたかのごとく、この時代から完全に停滞してしまったことは大変残念なことです。

そんな強固なまでに伝統意識が続いているなかで、従来のスタイルとはまったく異なる手法によって、新たな日本庭園の創作活動を始めたのが重森三玲《しげもりみれい》です。

三玲が日本庭園の意匠における改革を実行するに至った原動力となったものは、昭和十一年〜十三年にかけて行われた、日本初の全国古庭園四百余りを、すべて実測及び文献調査をしたことです。これらの結果は『日本庭園史図鑑』全26巻という、日本庭園史上初めての通史による、研究者のための出版につながりました。この時の三玲は、鍋島岳生《なべしまがくせい》ら三〜四人の助手とともにスケッチ、実測、製図、写真撮影、文献写し取り及び読破、執筆を、少人数で分担してこなし、たった三年という驚異的短期間で成し遂げました。これは後の日本庭園史の研究者などに多大な影響を及ぼしたことはいうまでもなく、三玲自身にとっても、これ以後の作庭活動に対しての大きな布石となりました。

この全国実測行脚によって三玲は、伝統という呪縛にがんじがらめであった昭和初期の庭園

松尾大社瑞翔殿庭園（著者作）。

龍源院東滴壺（鍋島岳生作）。

界において、先人が築き上げてきた石組構成における先進性や斬新さに着目し、そして再度、日本庭園界に抽象性を持った外部空間芸術としての再構成を目指したのです。そして、それまでの庭園界における堕落を徹底批判し、後期式枯山水などに代表されるような石組の抽象美をとことん突き詰めていったのが三玲の作庭方法でした。彼自身にとって、石組という物は未来永劫にわたって不変であるということで、昭和という時代において、「永遠のモダン」を創作すれば、それはいつの時代においてもモダンであることを常に念頭において作庭したのです。

その後、三玲は「永遠のモダン」という言葉を終生の目標として作庭活動に従事することになります。その代表的な作品が、昭和十四年（一九三九）に作庭された、事実上三玲の「永遠のモダン」第一作目ともいえる東福寺本坊「八相《はっそう》の庭」です。方丈を中心として東西南北に八つの意匠からなる庭が作られ、南庭に方丈《ほうじょう》、蓬萊《ほうらい》、瀛洲《えいじゅう》、壺梁《こりょう》の神仙島石組、京都五山を表した五つの築山、この神仙島を四つの山と見立て、京都五山を表す築山と足して九山とし、白川砂が敷かれた部分を八海と見立てて、南庭全体で九山八海「須弥山」を表現、西庭の井田式の大市松と北庭の小市松、東庭の北斗七星の庭というように、蓬萊、方丈、瀛洲、壺梁、五山、九山八海（須弥山）、市松、北斗七星の八つの庭園意匠構成によって「八相の庭」と名付けられました。この庭園において使われた意匠は、その後の三玲の作品の意匠原点となりました。

さらに昭和二十九年（一九五四）に作庭された岸和田城「八陣の庭」においては、空からの俯瞰《ふかん》を考慮した作品となっています。また、新しい素材使用による様々な色使いや、ぼかし表現、色の重なりなど、従来の日本庭園にはなかった新しい手法を駆使し作庭しました。

三玲の革新に満ちた新たな意匠提示があってから既に六十年以上の年月が過ぎ、時代は次の波の出現を待ちかまえています。そしてその新たな一歩が踏み出されたとき、これまでの千年以上に渡って作りあげられてきた日本独自の芸術性に富んだ外部空間構成が、また新たな息吹を吹き返すのです。

岸和田城「八陣の庭」。

付録

代表的な庭園作家

001

路子工（みちこのたくみ）

生没年不詳

推古二〇年（六一二）に、百済の国からきた渡来人。体に白癩があったために海中の島に流されそうになったが、自分には作庭に関する才能があると訴えて島流しを許され、須弥山の形や呉橋を南庭に作らせた、と『日本書紀』に記載されている。須弥山とは、世界の中心に須弥山というとてつもなく高い山があり、それを八つの山と八つの海が囲んでいることから九山八海といわれている仏教の須弥山思想のこと。その仏教思想を背景に作ったと思われるが、石で造ったものか土で造った築山状のものであったかは不明。しかし、日本に庭園文化をもたらすきっかけとなった人物であることは間違いないのではないだろうか。

002

林賢法師（りんけんほうし）

生没年不詳

平安時代に活躍した僧侶であり作庭家。いわゆる石立僧であるが、生没年代など詳細はほとんどわかっていない。待賢門院の御願によって京都市花園にある法金剛院の滝を組んだことで知られるが、待賢門院はその高さが気に入らず、徳大寺法印静意に命じてさらに五～六尺高く組み直したといわれている。

003

徳大寺法印静意（とくだいじほういんせいい）

生没年不詳

平安末期に活躍した真言宗の僧侶。藤原経実の子といわれているが、その弟という説もある。醍醐寺から始まって山城徳大寺の開山となり、後に仁和寺に入り、ここで作庭法を取得したようである。仁和寺には作庭伝を得た僧が多いが、『山水並野形図』の系図にも「徳大寺法印、静意、京極殿之御子也」と明記されていることから、当代の名高い石立僧であったといえる。前項の林賢法師参照。

004

巨勢金岡（こせのかなおか）

生没年不詳

平安初期の絵師で巨勢派の祖。天皇に歴任し宮中に召され、唐絵の名手であったという。伝承とする作品はかなりあるが、真贋の程はわかっていない。作庭にも長じ、現在の京都大沢池庭園の前身である嵯峨院園池に石を立てたという伝承があるが、これも真偽のほどは不明。

005

藤原（橘）俊綱（ふじわらのとしつな）

長元元年（一〇二八）〜嘉保元年（一〇九四）

平安時代後期の公家で一大文化人。父は関白藤原頼通（宇治殿）で、藤原師実の弟。俊綱の母は懐妊中に橘俊遠と再婚したので、最初は橘姓を名乗っていたが、後に頼通の子となり藤原姓を名乗ることになった。伏見の地に自邸を営んだため、伏見敏綱ともいい、そこに名園を作庭していた。藤原氏代々秘伝として伝えられてきた作庭法を『前栽秘抄』として編纂した。これが『作庭記』として名高い世界最古にして詳細な作庭秘伝書である。『作庭記』における作庭法は、庭園界において今なお大きな影響力を持っている。

006

夢窓疎石（むそうそせき）

健治元年（一二七五）〜正平六年（一三五一）

鎌倉時代末期の臨済宗の高僧。父は宇多天皇九世の孫である佐々木朝綱。二〇歳の時に、それまでの天台宗から建仁寺の無隠円範について禅宗に宗派を変え、その時、名を疎石、号を夢窓とした。二十九歳の時に奥州（白鳥）で悟りを開いたが、その後も修行に励むことから各地を行脚した。夢窓の訪れたところは、北は宮城県松島から栃木、千葉、鎌倉、山梨、静岡、岐阜、京都、伊勢、那智、徳島、高知などの地におよんだ。人里のない風光明媚なところに庵を結び修行をしたことから、庭園への感性もより一層高まったといえるのではないだろうか。しかしながら、夢窓は各地を回り、落ち着いて修行のできるところで作庭の指示をしたようであるが、その正確な記録は一切残されていない。代表的な作として挙げられるのは、京都西芳寺、天龍寺、南禅寺南禅院、岐阜県永保寺、山梨県慧林寺、神奈川県瑞泉寺などであるが、はっきりとした夢窓作庭の根拠はいまだに解明されていない。

007

足利義満（あしかがよしみつ）

延文三年（一三五八）〜応永十五年（一四〇八）

足利幕府三代の将軍で、将軍家の中でも代表的な文化人であった。愛庭家であり、特に西芳寺庭園を愛で、当寺で夜を徹して坐禅したことが知られている。応永四年（一三九七）西園寺家の北山山荘の地を、自らの堺の領地の一部と交換に譲り受け、金閣ほか多くの建築を建てて北山殿と称した。この地にはすでに鎌倉期の名園が存在していたが、譲り受けた義満によって整備されたことが知られている。これが今日、金閣寺の愛称で知られる鹿苑寺庭園である。

008 雪舟等楊（せっしゅうとうよう）

応永二十七年（一四二〇）〜永正三年（一五〇六）

室町時代の僧で水墨画家としても名高い。十二歳頃に京都相国寺に入寺、ここで周文に師事して北宋山水画を学んだと伝えられる。応仁元年（一四六七）明に渡ったが、雪舟の師となる画家に出会えず、大陸の高名な画や、日本にはない大陸的な自然風景をもとに技術を磨いたようである。文明元年（一四六九）帰国。豊後、豊前、筑前、筑後などを訪ね、山口の雲谷庵を中心に多数の名作を残した。水墨画の大家であるが、同時に作庭にも秀でた才能を発揮した。雪舟の居住したところに伝説的な作庭説が残されているが、真偽のほどは確かでない。ほとんどは後世の作とするべきものだが、実際に雪舟が作庭したと推定される庭園は、旧亀石坊庭園（福岡県）、常栄寺庭園（山口県）の二庭。しかしこれも文献的には未だ解明されていない。

009 足利義政（あしかがよしまさ）

永享八年（一四三六）〜延徳二年（一四九〇）

足利幕府の八代将軍。父は義教でその次男として生まれた。八歳にして将軍となったが、後に政治から背を向け、文化面において活躍するようになった。政治面においては夫人の日野富子や伊勢貞親などに託し、また子宝に恵まれなかったため弟の義視を跡継ぎと定めたが、後に義尚が生まれたことから将軍引き継ぎに関する問題が生じ、これが引き金となって応仁の乱が起こった。このように政治面などにおいては功績を残せなかったが、茶、花、能楽、絵画、庭園など、文化面に関しては大きな貢献を果たした。大の庭園愛好家であったことから作り上げた東山殿は、義政のお気に入りであった西芳寺を模した庭園で、慈照寺（銀閣寺）として残されている。

010 古岳宗亘（こがくそうこう）

寛正六年（一四六五）〜天文十七年（一五四八）

室町時代の臨済禅僧。近江の国蒲生郡の出身で、近江源氏佐々木氏の一族。八歳の時に出家し文明七年（一四七五）十一歳の時に建仁寺に、その後大徳寺に移った。大徳寺の実伝宗真を師として、永正六年（一五〇九）大徳寺大仙院を開創し、その後名声高く、後奈良天皇も禅師に帰依されたことから、正法大聖国師の号を賜った。大仙院庭園は、『古岳大和尚行動記』によって禅師の作庭指導であることがわかっている。ただし作庭年代に関しては、方丈が建てられた永正十年（一五一三）以降であるが、天文年間初年（一五三二〜三八）頃に作庭という説もあり、はっきりとしたことはわかっていない。この庭園は、現在でも水墨山水画式枯流式枯山水の名作として大変よく保存されている。

011

細川高国（ほそかわたかくに）

文明十六年（一四八四）〜享禄四年（一五三一）

室町期の武将で、細川政元の養子。乱世の世の中にありながら和歌を好み、作庭にも力を入れていた。現在高国が関係した庭園として知られているのは、旧秀隣寺庭園（滋賀県）、北畠神社庭園（三重県）。旧秀隣寺庭園は足利十二代将軍義晴とともに朽木に逃れた際に作庭されたものといわれ、鶴、亀両島を配した流水式の池庭である。また北畠神社庭園は、北畠晴具に援軍を求めた際に、当寺の国司館に作庭指導したものといわれる。池庭で、庭園に向かって左側（東）に渦巻式の集団石組があり、その他の石組においても力強い構成を見せ、いかにも戦国武将らしい造形感である。近年、思い切った樹木の整備が行われ、再びそれらの構成美が息を吹き返した。

012

善阿弥（ぜんあみ）

生没年不詳

室町期に活躍した作庭家で河原者出身。一説に明徳四年（一三九三）生れといわれる。足利義政の同朋衆として知られるが、その他経歴などは一切不明。いくつかの文献に善阿弥の名があり、その時々の年齢に大きな矛盾があることから、親子二代にわたって善阿弥を名乗ったのではないかともいわれるが、確証はない。作庭家としては、長禄二年（一四五八）に相国寺蔭涼軒庭園、また大乗院庭園の改作なども行っているようである。最も高名なのは、足利八代将軍義政の東山殿の作庭にあたったことで、これが今日の慈照寺庭園（銀閣寺）である。

013

本阿弥光悦（ほんあみこうえつ）

永禄元年（一五五八）〜寛永十四年（一六三七）

桃山期から江戸期にかけて活躍した工芸家。本阿弥家は室町期以降に刀剣の研磨や鑑定などで知られた。光悦は蒔絵、陶芸、書などに秀で、いずれもがこの時代を代表する作品であり、後世に大きな影響を与えた。またこの当時の諸文化にも秀で、茶は古田織部を師として独自の世界を開いた。作庭に関しても深い見識を持っていたようで、京都市上京区にある本法寺は本阿弥家の菩提寺であり、この地に天正十五年（一五七八）「三巴の庭」として作庭されたと寺伝にある。

014

千利休（せんのりきゅう）

大永二年（一五二二）〜天正十九年（一五九一）

桃山期の大茶人。堺の人で、侘茶の骨格を作り上げた武野紹鴎に師事し、その後侘茶を完成させ茶道として大成させた。天文十三年（一五四四）に宗易と名を改め、さらに天正十三年（一五八五）大徳寺古溪和尚より「利休」の号を与えられた。織田信長、豊臣秀吉に仕えたことはつとに知られるが、大徳寺三門に掲げた利休の像を巡る問題から、天正十九年（一五九一）秀吉に切腹を命じられ自刃した。茶庭（露地）を完成させたこと、また石燈籠を庭園内に初めて持ち込んだことなど、作庭に関しての功績は甚だ大きい。

015
古田織部（ふるたおりべ）
天文十三年（一五四四）〜慶長二十年（一六一五）

千利休と同じく桃山期の大茶人。名を重成といい美濃の人で大名でもあった。織田信長、豊臣秀吉に仕えた。関ヶ原の戦では徳川方についたが、大坂夏の陣で秀吉に密通しているとして切腹を命じられ自刃した。師は利休であったが、侘び茶の祖である利休とは正反対の華やかな茶を創作した。利休と同じく茶庭（露地）に対しての感覚は鋭く、「露地聴書」に飛石に関して利休と対比される有名な話がある。「飛石は、利休はわたり六分、景気を四分に据申候由、織部はわたりを四分景気を六分に据申候」と、実用と見た目の据え方に対しての考え方にも、互いの茶に対しての捉え方の差違がよく出ている。

016
小堀遠州（こぼりえんしゅう）
天正七年（一五七九）〜正保四年（一六四七）

小堀遠守政一（とおえのかみまさかず）。桃山時代から江戸初期にかけて活躍し、近江の国小室の藩主であった。茶人として有名であるが、広く芸術一般に通じ、特に建築と庭園に関して大きな力を発揮した。幕府の普請奉行、作事奉行として数々の作庭や建築に関わったが、遠州の関与した公儀の建築や庭園工事は「小堀家譜」に書かれたものだけでも多数ある。しかしながら今日保存されているものは、京都の二条城庭園、金地院庭園、孤篷庵庭園など数は少ない。作品も、直線主体の池庭を構成するなど、進んだ感覚の持ち主であった。世に伝遠州作の庭園は多いが、そのほとんどは単なる伝承であり、遠州の名声にあやかろうとしたものである。

017
藤村庸軒（ふじむらようけん）
慶長十八年（一六一三）〜元禄十二年（一六九九）

江戸初期の茶人。千宗旦や小堀遠州に指示して侘び茶を学んだといわれる。作庭にも長じ、菩提寺である京都黒谷西翁院に澱看席と露地を造っている。また妙心寺塔頭である大龍院にも『都林泉名所図会』に庸軒作と書かれた庭園があり、近江堅田の居初氏天然図画亭の建立と作庭も指導したと考えられる。

018
東睦和尚（とうぼくおしょう）
生年不詳〜文政十一年（一八二八）

江戸後期の臨済宗の僧。豊後杵築の人で、幼時に仏門に入り杵築の養徳寺の弟子となった。江戸の庭師・石龍から作庭法を学び、秘伝書『築山染指録』をまとめた。後に京都妙心寺に入り、文化元年（一八〇四）頃までは妙心寺にいたが、その後妙心寺妙心寺派の紀州田辺の海蔵寺へ赴き、文化十一年（一八一四）に妙心寺に再び戻り東海庵の作庭を行った。海蔵寺にいた文化七年（一八一一）、天授庵を建立したが、途中自らの位牌を造り、示寂したことにして東海庵の作庭に従事した。理由は定かでないが、位牌を作ってまで作庭に従事し自坊とした東海庵の枯山水には、何か秘められた思いがあったのであろう。また東睦和尚自刻の『花園東海庵書院假山図』が今も保存されている。

019

第七代小川治兵衛（おがわじへい）

萬延元年（一八六〇）～昭和八年（一九三三）十二月二日、享年七十四。

山城国乙訓郡西神足村の植木屋・山本藤五郎の次男。明治十年（一八七七）十八歳の時、江戸時代から庭師として活躍していた小川家に婿養子として入る。先代小川治兵衛の跡継ぎ、第七代目の誕生である。明治になり没落した小川家を盛り返した。伝統的な手法を盛り込みながらも、従来の手法とは異なった、のちに植治流といわれるようになる独自の自然主義庭園の様式手法を確立、完成させた。植治とも称されるのは、小川家の屋号のことである。

彼の作品は、いずれも自然主義庭園の流れであるが、江戸期に流行した自然主義庭園の流れとは完全に異なり、イギリスで流行した自然風景式庭園の流れと、日本庭園の良さとをミックスした作風が特長である。無鄰菴の作庭時期とほぼ同時期の平安神宮の作庭などによって、「京都に植治あり」といわしめた。南禅寺界隈だけでもかなりの数の作庭をしている。南禅寺界隈では、琵琶湖からの疎水を利用した流れと池のある作品、またその他の地域でも、水の醸し出す自然観をふんだんに取り入れた池と流れのある作品が多い。庭の奥に必ずといってよいほど滝を作り、そこからの流れと、いったん大きく開けた池とまたそこからの流れ、という作風が植治の特長。この大きく開けた池と流れの組合せ方は、今までの日本庭園の池や流れとは異なるもので、近代の日本庭園の流れを作った功績は大きい。のちの造園業を営む人々に多大な影響を与えた。

020

重森三玲（しげもりみれい）

明治二十九年（一八九六）八月二十日～昭和五十年（一九七五）三月十二日、享年七十九。

岡山県上房郡賀陽町吉川生まれ。大正八年（一九一九）日本美術学校本科卒業。大正十年同校研究科卒業。昭和四年（一九二九）京都に移る。昭和七年「京都林泉協会」設立。昭和十一年六月より『日本庭園史図鑑』刊行開始、十三年十二月全二十六巻完成。いけばな、庭園界に革新的な手法を導入し一時代を築く。また庭園史の分野でも、全国の庭園実測、地割・石組における様式論など従来なかった研究を確立。現在なお庭園、茶道、いけばな、各種諸芸術の分野において多大な影響力を及ぼす。代表的な庭園として東福寺本坊、岸和田城庭園、大徳寺瑞峯院庭園など多数。主要著書に、『日本庭園史図鑑』全二十六巻（有光社）、『日本茶道史』（河原書院）、『日本庭園史大系』全三十五巻（重森三玲・完途共著、社会思想社）、『実測図日本の庭』（誠文堂新光社）、『茶室茶庭辞典』（誠文堂新光社）、『日本庭園歴覧辞典』（東京堂）など多数。

京の庭❖案内図

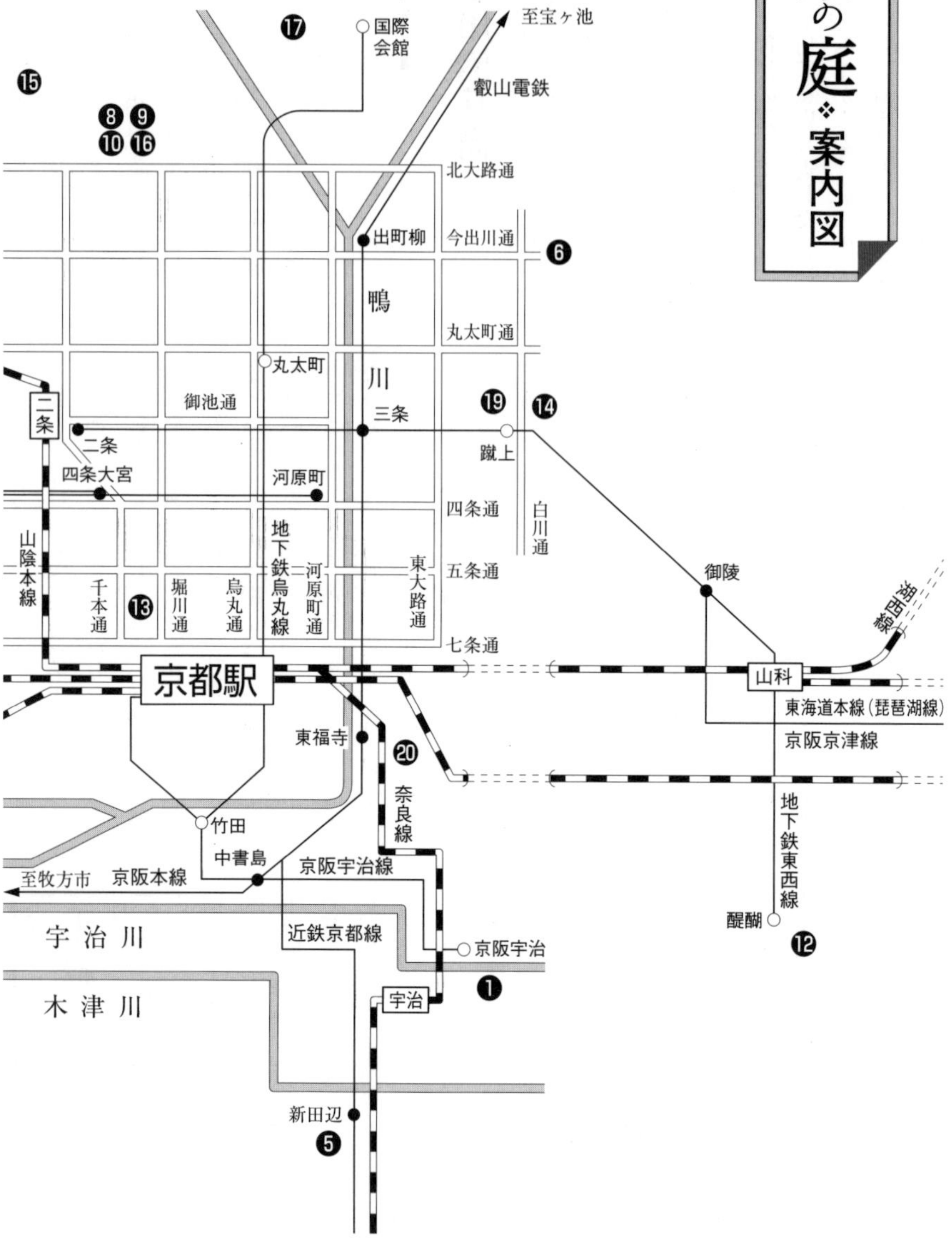

至宝ヶ池
国際会館
叡山電鉄
北大路通
出町柳
今出川通
鴨
川
丸太町通
丸太町
御池通
三条
蹴上
二条
二条
四条大宮
河原町
四条通
白川通
山陰本線
地下鉄烏丸線
河原町通
東大路通
五条通
千本通
堀川通
烏丸通
御陵
湖西線
七条通
京都駅
山科
東海道本線（琵琶湖線）
京阪京津線
東福寺
奈良線
地下鉄東西線
竹田
中書島
京阪宇治線
至牧方市
京阪本線
醍醐
宇治川
近鉄京都線
京阪宇治
木津川
宇治
新田辺

❶ 平等院
❷ 西芳寺
❸ 天龍寺
❹ 鹿苑寺（金閣寺）
❺ 一休寺酬恩庵
❻ 慈照寺（銀閣寺）
❼ 龍安寺
❽ 大徳寺大仙院
❾ 大徳寺龍源院
❿ 大徳寺真珠庵
⓫ 妙心寺退蔵院
⓬ 醍醐寺三宝院
⓭ 西本願寺
⓮ 金地院
⓯ 正伝寺
⓰ 大徳寺孤篷庵
⓱ 円通寺
⓲ 妙心寺東海庵
⓳ 無鄰菴
⓴ 東福寺

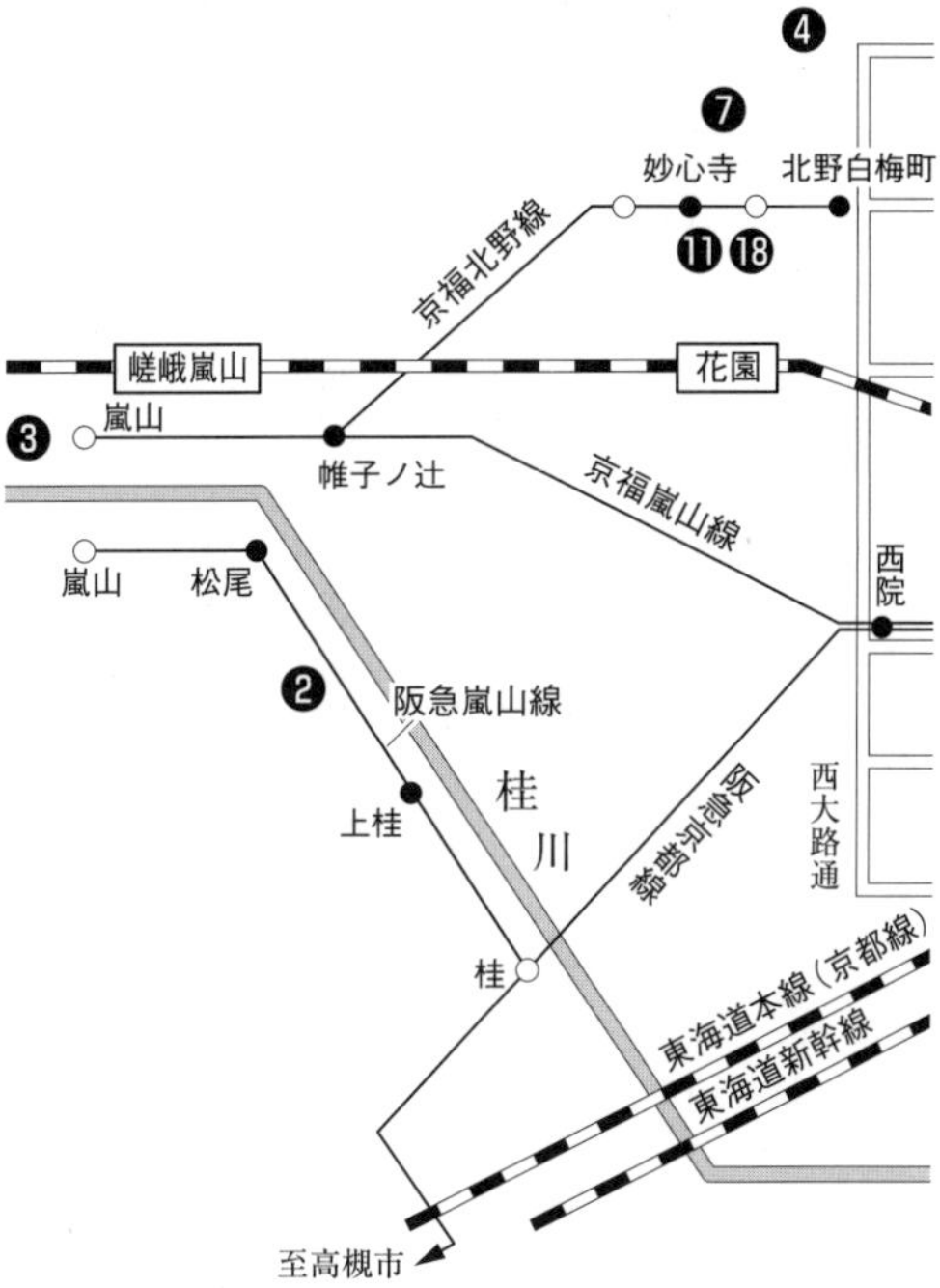

あとがき

本書の企画が出てから、早いものですでに半年が経ちました。その間、資料集めや取材などに奔走いたしましたが、仕事の関係などでなかなか思うように進まず、常に焦燥感に駆られながら、ようやく書き上げることができました。

本書は、これまで私がおこなってきた京都工芸繊維大学での講義や、講演などの際に用いた内容に基づいてまとめたものです。日本庭園の成り立ちや様式など、庭園の空間構成を知るうえで最も初歩的な事柄に重きをおいて書くようにしましたが、充分に書き尽くせなかったことは多々あります。御所関係などの宮廷の庭や、三千家、藪内家など代表的な草庵の茶庭、そして、これらの茶庭や茶庭的な空間に用いられる蹲踞構成、飛石、竹垣類、植栽関係などに関して、まったく取り上げられなかったことは至極残念に思います。第一章においても紹介しきれなかった庭園は少なくありません。改めてその機会が訪れることを念じる次第です。

私どもが常々思っていることは、庭園は見る人の主観やその時の心の状態によって大きく変化する、ということです。本書に書いたような基本的な事柄を知った上で庭園を見ることは大切ですが、ある程度見方がわかってきたら、それらをいったん忘れて、まっさらな心の状態で接してみることも大事です。そうすれば、接する人のその時の状態や、季節、気候、時間などによって、庭園はそれまでの見方とはまったく異なる、様々に変化する多彩な表情を必ず見せてくれるはずです。その時こそ、庭園の真意（心）を読み取ることができるのだと思います。それほど日本庭園という空間は、思想、哲学、自然観、そしてそれを包み込む自然環境と共生している、生きた空間といえるのではないでしょうか。

本書を執筆するにあたって、原稿の遅れにも寛大に接してくださった編集担当の服部滋氏に感謝いたします。また、取材に御協力くださった各寺社や関係者の方々にも厚く感謝いたします。そして最後に、私が庭園史の世界に入る直接的なきっかけとなった祖父三玲、父完途の霊前にこの書を捧げたいと思います。

九月吉日

重森千靑

写真提供協力

中田昭（40〜43、45、105ページ上）
北岡慎也（60、62ページ下）

参考文献

井上靖・伊藤ていじ監修『探訪日本の庭』（小学館・１９７８年）
井上靖・伊藤ていじ監修『探訪日本の古寺』（小学館・１９８１年）
京田良志『石燈籠入門』（誠文堂新光社・１９７０年）
重森完途『茶の露地』（淡交社・１９７９年）
重森完途『石燈籠・蹲踞』（淡交社・１９８２年）
重森三玲『日本庭園史図鑑』（有光社・１９３９年）
重森三玲『茶室茶庭辞典』（誠文堂新光社・１９７３年）
重森三玲『日本庭園歴覧辞典』（東京堂出版・１９７４年）
重森三玲・完途『日本庭園史大系』（社会思想社・１９７６年）
全日本仏教会『全国寺院名鑑』（史学センター・１９７６年）
武居二郎『作庭記 現代語対訳と解説』（京都芸術短期大学編・１９９５年）
武居二郎・尼崎博正 監修『庭園史をあるく』（昭和堂・１９９８年）
竹村俊則『日本名所風俗図会７』京都の巻Ⅰ（角川書店・１９７９年）
竹村俊則『日本名所風俗図会８』京都の巻Ⅱ（角川書店・１９８１年）
田村　剛『作庭記』（相模書房・１９６４年）
森　蘊『日本史小百科「庭園」』（東京堂出版・１９９３年）
森　蘊『作庭記の世界』（ＮＨＫブックス・１９８６年）
吉河　功『庭研１６５―１６７　作庭記の石組論』（日本庭園研究会編・１９７７年）
吉河　功『日本庭園人物誌』（日本庭園研究会出版部・１９９３年）
吉河　功監修『庭園・植栽用語辞典』（井上書院・２０００年）
北村援琴『築山庭造伝（前編）』
籬島軒秋里『築山庭造伝（後編）』
籬島軒秋里『都林泉名所図会』

著者略歴

重森千青《しげもりちさを》

中央大学文学部文学科卒業。重森庭園設計研究室主宰。京都工芸繊維大学講師。日本庭園についての著述、講演、講師活動並びに日本全国にて庭園の設計に携わる。

主な作品に、京都松尾大社瑞翔殿庭園、和歌山県長保寺庭園、重森三玲記念館庭園など。

主な著作に『京の庭（CD）』（共著、デジタローグ社）、『ランドスケープの新しい波』（共著、メイプルプレス）『近代日本の作家達』（共著、学芸出版社）がある。

ホームページ「庭園の美」http://www.ifnet.or.jp/~chisao/

京の庭

２００３年11月１日　第１刷発行
２００６年10月７日　第２刷発行
２００９年８月24日　第３刷発行

著　者…………重森千青
発行者…………布施知章
発行所…………株式会社ウエッジ
〒１０１-００５２　東京都千代田区神田小川町1-3-1　ＮＢＦ小川町ビルディング３Ｆ
振替：００１６０-２-４１０６３６
電話：０３-５２８０-０５２８　FAX：０３-５２１７-２６６１
http://www.wedge.co.jp

ＤＴＰ組版…………株式会社リリーフ・システムズ
ブックデザイン………上野かおる
印刷・製本所………図書印刷株式会社

※定価はカバーに表示してあります。ISBN4-900594-69-5 C0026

ウェッジ選書